CONSIDÉRATIONS

SUR

LA DÉFENSE DES ÉTATS,

D'APRÈS

LE SYSTÈME MILITAIRE ACTUEL DE L'EUROPE.

CONSIDÉRATIONS

SUR

LA DÉFENSE DES ÉTATS,

D'APRÈS

LE SYSTÈME MILITAIRE ACTUEL DE L'EUROPE;

Par l'auteur des *Applications du Principe des Vitesses virtuelles à la poussée des terres et des voûtes.*

PARIS,

DONDEY-DUPRÉ PÈRE ET FILS, Imp.-Lib., rue Saint-Louis, N° 46, au Marais, et rue de Richelieu, N° 67, vis-à-vis la Bibliothèque du Roi.
BACHELIER, Libraire, quai des Augustins, N° 55.

1824.

A MONSIEUR ***.

Monsieur,

Toutes vos intentions seront remplies, je tairai votre nom comme les talens distingués et les services éminens qui vous feraient connaître, et je réunirai ici, d'après vos conseils, les principes sommaires dont la fixation peut seule produire l'économie et l'ordre désirables dans l'emploi des fonds accordés pour améliorer et entretenir les moyens de défense des États, d'après les changemens survenus dans l'art de la guerre.

Ces principes se réduisent aux propositions suivantes, qu'il faudrait ou modifier ou consacrer.

L'organisation et la force des armées actuelles leur ayant rendu les invasions peu dangereuses, quand elles ont remporté une victoire décisive, l'objet le plus essentiel pour la défense d'un État, est d'ôter à l'occupation des Capitales les avantages qu'elle a jusqu'ici présentés à l'ennemi.

On y parvient en les fortifiant quand elles sont peu populeuses, et quand elles le sont trop, en s'emparant des principales communications qui y aboutissent, par des places disposées, de manière à appuyer en même tems les positions défensives qui peuvent empêcher ou retarder cette occupation.

La défense du reste de l'État est subordonnée aux fortifications naturelles qu'il présente; près de la frontière, des places de guerre, doivent perfectionner, lier et appuyer ces fortifications, et fournir aux armées tout ce qui leur est nécessaire : elles doivent pouvoir aussi en recevoir au besoin les différens corps sans permettre de les bloquer, et enfin leur donner les moyens de résister le plus long-tems possible à l'invasion, d'abord de front, ensuite en prenant des positions sur les flancs de l'ennemi.

On ne peut remplir cet objet qu'en subordonnant toutes les communications du pays aux positions que l'on peut occuper.

Les élémens constitutifs des places de guerre sont les mêmes que ceux des positions militaires.

Une reconnaissance exacte des positions des différentes sections des frontières est la première notion indispensable, pour pouvoir réunir dans le choix de l'emplacement d'une place de guerre tous les avantages qu'offrent les localités.

Des places intermédiaires entre la Capitale et la frontière, seraient établies d'après les mêmes principes dans les positions centrales les plus importantes : les emplacemens et les établissemens qui en dépendent, seraient placés et tracés de manière à recevoir au besoin un accroissement proportionné à la force des armées.

Des places de second ordre maîtriseraient les débouchés et les défilés importans.

Les fronts de toutes ces places seraient établis d'après les principes de Vauban.

Toutes les autres places existantes devraient être détruites ou prêtes à l'être en peu d'instans.

Dans les places du premier ordre, toute l'énergie de la défense passive serait concentrée dans des citadelles ou des réduits renfermant tous les établissemens militaires de l'armée, de manière à pouvoir les défendre au besoin avec un minimum de garnison, fourni en grande partie par des réserves étrangères à l'armée active.

Les perfectionnemens des détails de la défense consisteraient à fixer les principes de la guerre souterraine, à rendre l'affût de place propre aux remparts et aux casemates, en le perfectionnant, à rendre aussi les traverses de Vauban propres à servir d'abris à l'artillerie, à établir comme lui, sur chaque front, des logemens à l'épreuve destinés à en recevoir les défenseurs, et à réduire au *minimum* les talus extérieurs.

Enfin le matériel le plus parfait deviendrait inutile sans le personnel qui l'anime, et les efforts de celui-ci n'ont de grands résultats que quand ils sont dirigés par la prudence et le talent, et qu'ils sont récompensés avec justice.

Tel est, Monsieur, l'énoncé des différentes questions les plus importantes à discuter et à résoudre dans tous leurs détails et dans toutes leurs conséquences, pour l'intérêt de la défense et des finances des États.

Je désire vivement avoir bien conçu et rempli vos intentions, et vous prie d'agréer l'hommage de mes sentimens inaltérables.

L'Auteur des Considérations sur la Défense des États.

TABLE DES MATIÈRES.

Avant-propos.—Système de Cormontaingne sur la Défense des États, pages 1-4.—Élémens des positions militaires, offensives et défensives, comparés à ceux des fortifications des places de guerre, 4-8.—Influence des fortifications naturelles sur le champ d'opération, la stratégie, et la tactique des armées, 9-16. — Avantages comparés des tactiques défensive et offensive, 17-18. — Diverses propriétés des places de guerre, 19-22.

Fortifications.— Élémens du système bastionné, 23-26.— Système de Vauban, 26-28. —Système de Cormontaingne, comparé à celui de Vauban, 26-36.—Conditions que doivent remplir le tracé et le relief d'un front de fortifications d'après les principes de Vauban, 36-38.— Avantages que doivent réunir les emplacemens des places de guerre, 38-42.—Défense des grandes villes et des capitales, 42-46.

Établissemens militaires. — Nouveau principe de stabilité à appliquer à leur construction, 47-48.—Salubrité des logemens et des magasins militaires, 48-51. — Espace nécessaire pour recevoir le logement et les approvisionnemens d'un homme et d'un cheval pour six mois, 51-55.— Exécution des travaux militaires, 55-56.

Artillerie. — Changemens à faire à l'artillerie de place dans l'intérêt de la défense, 57-60.

Dispositions générales.—Routes de terre et d'eau à soumettre au système de défense adopté pour un État, 61. — Vétérans volontaires, compagnies d'ouvriers du génie, 62. — sapeurs des régimens de ligne, 63. — Conscription pour la défense intérieure, 63-64. — Conditions à imposer aux habitans des places de guerre, 64-65. — Facilités à donner au commerce, 65. — Considérations sur la manière d'établir les services dignes de recompense dans les différentes armes, 65-67.

Systèmes de défense comparés. — Défense des États, 68-72. — Défense des capitales, 72-75.

Résumé, 76-79.

Note. — Rapport fait à la société d'encouragement sur des applications du principe des vitesses virtuelles à la poussée des terres et des voûtes, 81-82. — Observations y relatives, 83-84.

Errata, ci-contre.

ERRATA.

Page	ligne	au lieu de	lisez
13	24	', le 3 il	le 3 , il
19	30	offensive	défensive
24	24	doit être	doit en outre être
24	28	de manière ce que	de manière à ce que
25	6	snr	sur
25	27	couvert des places	couvert, des places
27	27	il s'est	on s'est
31	4	produite	produits
31	12	ou	et
32	1	défense	dépense
36	6	pour	par
36	7	pour	par
38	7	avoir été	devoir être
45	8	respecter à	respecter, à
47	11	note 2	note (2)
66	24	extraodinaire	extraordinaire
67	21	fait	faits.
68	14	daus	dans
77	15	un moment	au moment

AVANT-PROPOS.

Cormontaingne, officier général du corps royal du génie, a cherché, il y a plus d'un demi-siècle, à réduire à des principes généraux et fixes la défense des États. Dans un mémoire sur cet objet, il examine d'abord si les Capitales doivent être fortifiées ; il se prononce pour la négative, lorsqu'elles sont trop considérables, à cause de la trop grande dépense qu'exigeraient leurs fortifications et leurs approvisionnemens, et surtout à cause de l'immense garnison qu'il faudrait, pour ne pas abandonner le sort de leurs fortifications aux caprices d'une nombreuse population. Il pense qu'alors les capitales ne peuvent être couvertes que par des places fortes établies à différentes distances des frontières. Un État bien fortifié ne pouvant d'ailleurs être ébranlé que par les guerres civiles, qui prennent presque toujours leur source dans les Capitales, c'est, selon lui, diminuer en même tems les occasions et la durée de ces guerres, que de leur ôter les points d'appui qu'elles pourraient trouver dans les fortifications de ces villes.

Partant de ce qui avait eu lieu à la guerre sous Louis XIV, et des maximes militaires qui en avaient été la suite, il propose, dans ce cas, de baser la défense des États sur un système de places de guerre de divers degrés de grandeur et de résistance, disposées de manière à forcer l'ennemi à faire plusieurs siéges, avant de pénétrer dans l'intérieur du pays, et d'arriver à la Capitale.

Supposant ensuite que la surface de l'État est une plaine rase et circulaire, il établit, pour l'emplacement et l'étendue à donner aux places de guerre, des principes généraux, dont il reconnaît lui-même l'application impossible dans cette supposition, d'après la population et les revenus des puissances actuelles de l'Europe, mais qui deviennent praticables en ayant égard aux différens élémens de fortification naturelle, qui se rencontrent toujours plus ou moins dans la zone des frontières de ces puissances.

Il observe que la forme circulaire est la plus avantageuse à la défense d'une surface donnée, parce que c'est celle qui contient le plus d'espace à circuit égal, et qui permet de faire parvenir avec le plus de promptitude des ordres sur tous les points de cette surface, et de réunir, dans le moins de tems possible, toutes les forces disponibles d'un gouvernement sur ceux qu'il croit les plus favorables au but qu'il se propose.

Pour régler, d'après la première hypothèse, l'emplacement des places de guerre, Cormontaingne divise ensuite cette surface en diverse provinces, dont les Capitales, éloignées entr'elles d'environ cinquante lieues, ont chacune une enceinte de quinze à dix-huit bastions, où il place les dépôts du matériel nécessaire à la guerre. Il établit dans ces places une citadelle pouvant recevoir au moins moitié de la garnison avec les magasins nécessaires, pour mettre à même le gouverneur de se maintenir contre les trahisons, les surprises, et l'inconstance des habitans. A mi-distance des Capitales, il propose une place d'entrepôt de dix bastions, et entre les places de dépôt et celles d'entrepôt, deux places de six à sept bastions; et toutes ces places se trouvent à huit lieues les unes des autres, sur un cercle qui a le même centre que la surface de l'État.

Décrivant ensuite de ce centre trois nouveaux cercles, à huit, seize et vingt-quatre lieues de distance de celui sur lequel se trouvent disposées les Capitales, il propose de placer, sur le premier, une autre ligne de places de six à sept bastions, répondant chacune au milieu des intervalles qui se trouvent entre celles de la ligne précédente ; sur le second, encore une ligne de places, disposées d'après les mêmes principes, mais n'ayant que quatre ou cinq bastions ; enfin sur le troisième, des petits forts ou châteaux occupant les avenues et les défilés de la frontière, ou maîtrisant les cours d'eau navigables.

Par ce moyen les convois de l'ennemi, qui voudrait pénétrer dans l'intérieur de l'État sans prendre de places, passent au moins à quatre lieues des glacis des places de guerre, et Cormontaingne suppose que les troupes sorties de nuit ou de bon matin de ces places, pouvant facilement enlever tous ces convois, doivent par ce motif obliger l'ennemi à rétrograder, pour s'emparer des places qui le gênent.

L'ayant amené à ce point, il observe que les places de la seconde ligne, devant, dans son système, offrir plus de résistance que celles de la première, et celles de la troisième plus que celles de la seconde, il faut, pour pénétrer, que l'ennemi s'empare d'un plus grand nombre de places sur la première ligne que sur la seconde, et ainsi de suite ; sans cela, l'armée défensive, qu'il suppose égale, sans compter les garnisons, aux trois quarts ou aux deux tiers de l'armée offensive, trouverait, à reprendre successivement les places prises par l'armée offensive, moins de difficultés que n'en offrent celles que cette armée doit attaquer sur une ligne plus rapprochée du centre de l'État, pour pouvoir y pénétrer. Si l'ennemi le tentait sans avoir pris une des places de la dernière ligne, Cormontaingne, d'après les mêmes principes, pense qu'il ne pourrait assurer le transport de ses munitions de guerre et de bouche, c'est-à-dire sa ligne d'opération, qu'en laissant sur ses derrières une armée pour tenir tête à l'armée défensive, et qu'en en faisant des détachemens sur toute cette ligne : selon lui, l'ennemi, forcé alors de disperser ses forces, tandis que l'armée défensive reste concentrée, doit tôt ou tard succomber.

On a objecté à Cormontaingne que le système sur lequel il établissait la défense des États n'était pas fondé sur les circonstances où les places de guerre doivent jouer le rôle le plus important, et qui sont celles où les armées ont éprouvé de grands revers.

L'expérience de la guerre dernière a aussi prouvé que quelques-unes des suppositions qu'il fait coexistent rarement, et que le fondement de plusieurs autres est détruit par des changemens survenus dans l'art de la guerre et dans l'organisation des armées.

Ces changemens sont provenus surtout des grands espaces que les différentes divisions d'une armée ont pu occuper sans se compromettre, en choisissant des positions favorables, et en profitant, plus qu'elles n'avaient pu le faire jusqu'ici, de toutes les propriétés défensives ou offensives que leur offraient les localités. Elles durent cet avantage aux changemens survenus dans leur formation; en y réunissant les différentes armes dans des proportions convenables à ces localités, elles devinrent de petites armées, pouvant se suffire, et manœuvrer d'une manière indépendante. Pour rendre sensibles les conséquences de ces changemens, qui ont eu une si grande influence sur le système de guerre moderne, il est nécessaire d'entrer dans quelques détails sur ce qui constitue les positions offensives ou défensives des armées. En étudiant les formes et les accidens de la surface du terrain, qui les constituent, on voit que les élémens de ces avantages sont toujours les mêmes que ceux que présentent les fortifications artificielles des places de guerre. Ce sont des abris, des obstacles, des emplacemens pour l'action des différentes armes, et des communications pour occuper ou quitter ces emplacemens.

Dans les positions militaires, comme dans les places de guerre, les obstacles sont des masses d'eau courante ou stagnante, des escarpemens naturels ou artificiels, tels que les terrains à pic, les revêtemens, les troncs d'arbres plantés ou laissés en place, etc.

Les abris des positions se trouvent dans les plis, les aspérités ou le commandement du terrain : ceux des places de guerre sont derrière des parapets, des traverses et des glacis de diverse nature, et sous des voûtes ou sous des blindages qui mettent à couvert des projectiles verticaux.

Les plateaux qu'offrent les divers terrains, servent à la manœuvre des différentes armes, comme les terre-plains des ouvrages de fortifications, et les chemins qui traversent ces plateaux sont indispensables pour y arriver ou les abandonner, comme les rampes, les poternes et les escaliers, relativement à ces ouvrages.

On peut trouver aussi, dans les positions, les emplacemens propres à la manœuvre des différentes armes, disposés de manière à offrir le même avantage que ceux des places de guerre.

Lorsque ces emplacemens se trouvent sur les parties saillantes de ces plateaux, ils donnent, comme quelques parties des terre-plains de ces places, la possibilité de prendre à dos la ligne ennemie qui se dirige sur les rentrans accessibles de la position, et alors l'effet réel des projectiles se joint à leur effet moral, qui tend toujours à grossir l'idée du danger, quand on ne voit pas de quelle part il vient ; ils peuvent aussi donner les moyens de prendre cette ligne en flanc, et alors d'avoir le *maximum* d'effet, puisque, d'après l'ordonnance actuelle de combat, un boulet peut tout au plus emporter quatre hommes en agissant contre le front d'une ligne, tandis qu'en la prenant en flanc, à cent toises de distance, il peut en traverser vingt.

Les ressauts successifs du terrain permettent encore de doubler ou de tripler le nombre des pièces que l'on peut diriger sur un point, comme les chemins couverts, les remparts et les cavaliers des places de guerre.

D'un autre côté, si l'assaillant, resserré par des marais ou d'autres obstacles, ne peut aborder la position qu'en défilant par des chemins étroits, et vus par elle de toute la portée de son artillerie ;

cette position paraît réunir tous les avantages défensifs, dont les différens degrés d'intensité en établissent la bonté relative.

En combattant dans des localités différentes, l'homme a dû reconnaître celles qui lui étaient favorables, et le désir de placer son habitation au milieu de celles qui l'avaient protégé, a dû donner naissance à l'art des fortifications.

Une position jouit aussi plus ou moins d'avantages offensifs, suivant que les troupes qui l'occupent peuvent, sous la protection de leur artillerie, en déboucher avec plus ou moins de promptitude et de facilité, pour se porter sur une nouvelle position, qui leur présente, relativement à l'ennemi, de nouveaux avantages défensifs.

Les positions militaires et les places de guerre ont cependant une différence essentielle : dans les places, la fortification suit le développement d'un polygone plus ou moins étendu, tandis que dans les positions, elle ne se trouve le plus souvent développée que sur une seule ligne : l'armée défensive ne peut alors être certaine d'en être protégée, que quand les extrémités de cette ligne sont appuyées à de grands obstacles naturels, tels que des fleuves, des marais, des chaînes de montagnes, etc., que l'ennemi ne peut tourner sans donner à cette armée le tems de quitter sa position, et de se porter sur une autre, qui réunisse plus ou moins les mêmes avantages.

La faculté de juger promptement, en voyant une position, le nombre d'hommes nécessaire pour l'occuper, les emplacemens favorables aux différentes armes, et les différens fronts de bandière à y faire occuper aux troupes, se nomme coup-d'œil militaire. On parlera, dans la seconde partie de ce travail, des notions élémentaires que ce talent suppose.

A l'exception des plaines unies, sans bois, sans marais et sans cours d'eau profonds, la surface des États présente toujours, entre les chaînes principales des montagnes, ou d'un cours d'eau à l'autre, un certain nombre de positions plus ou moins avantageuses, qui sont autant de lignes de fortification qu'une armée défensive peut forcer l'armée assaillante à attaquer, et à prendre avec plus ou moins de perte ; la nature offre donc en général plus de ressources défensives aux États, qu'ils ne pourraient en obtenir de l'art par d'immenses et de longs travaux ; et la première condition des fortifications artificielles paraît devoir être de perfectionner les fortifications naturelles, de s'en emparer au besoin, ou de s'y rattacher, et de les lier entr'elles.

L'histoire, qui a transmis la manière détaillée dont les différens peuples se sont successivement fait la guerre, prouve que, de tems immémorial, les élémens des fortifications naturelles ou artificielles n'ont point changé, et qu'ils ont seulement varié de forme, de nature ou de dimension, suivant les changemens survenus aux armes offensives et à leurs effets. Ils ont toujours mis le faible en état de résister à des forces supérieures dans une certaine proportion, et l'énoncé seul de ces élémens, qui sont toujours, comme on l'a déjà dit, des abris, des obstacles, des emplacemens pour la manœuvre des armes, et des communications, suffit pour expliquer ce résultat. En effet, les défenseurs, presqu'entièrement couverts par leurs abris, doivent nécessairement faire moins de perte que l'assaillant, qui attaque à découvert, et qui est en outre retenu plus ou moins de tems par des obstacles redoublés, sous les coups des armes des défenseurs, plus favorablement disposées et dirigées avec plus de sécurité. Si l'assaillant parvient à aborder son ennemi, il peut donc lui être devenu inférieur en nombre, et même en courage, par les grandes pertes qu'il a faites.

Lorsque les obstacles retiennent plus de tems l'assaillant exposé aux armes offensives des défenseurs, il peut éprouver autant de perte que si, ayant des obstacles moins difficiles à surmonter, il était soumis à une action plus intense de ces armes ; on peut donc suppléer aux obstacles par cette action. Dans les discussions qui ont eu lieu relativement aux changemens que Gribeauval fit en 1776 dans l'artillerie, un officier distingué dans cette arme prouva qu'aucun soldat d'un bataillon qui, en rase campagne, chargerait de front une batterie donnée, n'existerait au moment où il pourrait parvenir à cette batterie. Il n'en est pas de même des obstacles. L'expérience de tous les tems a montré que presqu'aucun obstacle n'était insurmontable, quand il n'est pas suffisamment défendu. L'histoire militaire fourmille d'exemples de positions emportées, parce que certaines parties, jugées imprenables, n'avaient pas été occupées, et de places prises par le point qui offrait le plus d'obstacles, parce que la défense active de ce point avait été négligée.

L'action des armes peut donc suppléer aux obstacles, et c'est sur ce principe que repose la différence de la fortification de campagne et de la fortification permanente ; la première, qui se fait au moment, ne pouvant offrir que des obstacles peu résistans, doit favoriser le plus possible le développement de l'artillerie et de la mousquetterie, et les sorties offensives ; elle doit préparer des pertes énormes à l'ennemi, s'il tente de l'aborder. La fortification permanente doit au contraire n'exiger, par l'intensité des obstacles qui l'entourent, que le minimum de défenseurs et d'armes, et chercher à retarder le plus possible l'instant où l'assaillant pourra parvenir au dernier obstacle dont elle s'est entourée.

Les élémens de fortification naturelle que présentent les différentes espèces de terrain, expliquent comment des positions militaires successives, traversées par des communications faciles, et pouvant être rompues au besoin, ont permis à de faibles corps de se retirer en résistant, sans se laisser entamer, à des forces triples ou quadruples, comme on en a vu un exemple, le 4 juin 1800, entre l'Iller et le Danube.

Ce fait d'armes, cité dans les Mémoires de Sainte-Hélène de M. le général Gourgaud, paraît ne pas avoir été bien apprécié, faute d'avoir eu égard aux localités, dont l'auteur ne pouvait pas connaître les détails.

Le pays où cette affaire a eu lieu offre, vers Guttenzel et Beuren, une suite de plateaux, unis à des vallées marécageuses par des pentes douces. Les plis du terrain peuvent y dérober les réserves à la vue de l'ennemi; en en profitant, les tirailleurs et les premières lignes de bataille peuvent aussi ne se découvrir que de ce qui est nécessaire pour faire feu; enfin les bois et les marais y forment des défilés faciles à défendre et dangereux à forcer. Ces avantages naturels, dont le soldat français sait tirer parti plus qu'aucun autre, joints aux bonnes dispositions que fit pour en profiter le général Richepanse, qui commandait le corps d'armée, expliquent comment six à sept mille hommes seulement, car les deux brigades de la gauche de ce corps, averties pendant la nuit, s'étaient dérobées à l'ennemi, ont pu résister, sans se laisser entamer, aux colonnes d'un corps de vingt-cinq à trente mille hommes, l'élite de l'armée autrichienne. A peine même ce général eut-il fait sa jonction avec la division, qu'il savait, dès le matin, devoir déboucher par le pont de Kelmüntz, que, reprenant l'offensive vers six heures du soir, il fit le lieutenant-général Sporck et huit cents hommes prisonniers.

Jamais il ne fut environné, comme on le dit, ni dans une position critique; les localités ne permettaient guère aux Autrichiens d'aller plus vite, et plus de troupes eussent été inutiles, puisque toutes celles qui attaquèrent ne purent, par la même raison, se déployer.

On ne peut donc souscrire au jugement qu'a porté de cette affaire l'auteur des mémoires que l'on vient de citer. « Le 4 juin 1800,

» dit l'auteur des mémoires (t. Ier pag. 175 et 194), le feld-
» maréchal Kray, ayant réuni une partie de ses forces, attaqua le
» corps de Sainte-Suzanne, conduit par Richepanse. Environné
» par des forces supérieures, il se reploya toute la journée. Sa po-
» sition devenait des plus critiques, lorsque le général Grénier fit
» déboucher par le pont de Kellmuntz sur l'Iller la division Ney,
» qui rétablit le combat. L'attaque des Autrichiens fut faite avec
» trop de circonspection et trop peu de troupes. »

Si l'auteur de ces mémoires a pu être ainsi induit en erreur, combien ne doit-on pas craindre à plus forte raison que les histoires des guerres modernes, écrites souvent par des auteurs qui n'y ont pris que peu ou point de part, ne laissent en général, sur l'influence que les circonstances ou les localités ont eue sur le résultat des campagnes, beaucoup de lacunes qui pourront produire plus tard de grandes erreurs. On croit devoir de même attribuer une partie des succès obtenus par les Français dans les premières campagnes de la révolution, aux avantages défensifs et offensifs des terrains où elles ont eu lieu. Les troupes, alors peu exercées, mais exaltées par une amélioration réelle dans leur position, et aussi par des espérances plus ou moins mensongères que les choses nouvelles font presque toujours concevoir, surent, après quelques affaires, tirer parti avec une intelligence parfaite, des fortifications naturelles qui se présentaient à elles ; et tous les soldats devinrent promptement aptes au métier de tirailleurs qui, en 1800, n'était encore exercé dans les armées prussiennes que par des soldats d'élite. Plusieurs affaires, comme celle du 4 juin 1800, prouvèrent dès-lors tout l'avantage qu'offraient dans les retraites les fortifications naturelles, répandues autour des routes par lesquelles on se retirait, et il fut reconnu que dans un grand nombre de localités, on pouvait sous leur égide se retirer sans se laisser entamer, vis-à-vis des forces supérieures.

AVANT-PROPOS.

Alors les fronts de bandière des armées, qui n'avaient pas une bataille imminente à craindre, s'étendirent sans danger, et trouvant dans les grands espaces qu'elles occupaient assez d'abris et de vivres, elles ne sentirent plus le besoin de tentes, elles eurent à leur disposition des communications plus nombreuses, ce qui les rendit plus lestes et plus mobiles; elles ne furent plus obligées de tirer leurs subsistances de magasins établis à grands frais sur leur base d'opération, et les convois périodiques de vivres, dont l'escorte avait coûté tant de peines aux armées précédentes, ne furent plus pour elles de première nécessité.

La ligne d'opération d'une armée, ou sa communication avec cette base, put alors être momentanément interrompue, sans forcer, comme à Denain, cette armée à la retraite; et lorsqu'elle eut les moyens de traîner à sa suite assez de munitions de guerre pour livrer deux batailles, elle put s'avancer plus ou moins sans danger dans le pays ennemi. Elle trouva aussi, dans l'extension de son front de bandière, une augmentation de moyens de transport dans les ressources des pays qu'elle traversait, et plus de chances et de combinaisons avantageuses quand elle voulut prendre l'offensive.

Napoléon diminua encore les dangers des excursions lointaines et le besoin des fortifications naturelles, en adoptant une forme plus ou moins circulaire pour le front de bandière des différens corps des armées qu'il commandait, comme Frédéric l'avait fait en 1756, pour pouvoir se défendre contre la puissante coalition formée contre lui. Cette forme, comme on l'a déjà remarqué, a l'avantage précieux de donner les moyens au général en chef, placé au centre, de faire parvenir des ordres sur tous les points en même tems, et de rassembler, le plus promptement possible, toutes ses forces sur le point qu'il désire.

Tels furent les nouveaux principes de stratégie d'après lesquels on vit les armées françaises s'aventurer au loin et sans danger en Allemagne et en Italie, et briser toutes les entraves que les préceptes de Lloid avaient mises aux mouvemens des armées, en les enchaînant par leurs convois à leur base d'opération ; et si les plus grands revers ont ensuite frappé ces armées, c'est que la distance de laquelle elles pouvaient s'éloigner de leurs points d'appui, d'après les considérations que l'on vient de développer, a aussi des limites que la puissance de l'ennemi, les localités et les circonstances peuvent seules déterminer.

En désignant sous le nom de surface ou de champ d'opération, l'espace compris entre la base d'opération d'une armée et le front de bandière qui est occupé par les différens corps qui la composent, on dira que Napoléon adopta un champ d'opération circulaire vis-à-vis de l'ennemi.

Cette disposition a de grands avantages, mais elle a aussi des désavantages, comme on le verra plus tard. Il ne vit que les premiers, et, faisant de son emploi un précepte exclusif, il fut porté à blâmer les opérations qui n'y étaient pas conformes.

Cette disposition d'esprit, jointe à des renseignemens inexacts, semble l'avoir induit au jugement qu'il a porté de la bataille de Hohenlinden. L'exposé sommaire que l'on va faire, comme témoin oculaire, des manœuvres qui en ont décidé l'issue, aura peut être l'avantage de rectifier ce jugement, en faisant ressortir la différence des principes de stratégie et de tactique qu'ont suivis deux généraux qui ont eu à la guerre de grands succès, et en prouvant la stabilité des changemens survenus dans le système militaire actuel, qui doivent être pris en considération dans l'établissement des bases de la défense des États.

D'après les mémoires de Sainte-Hélène, par M. le général Gourgaud, dont on a déjà parlé (t. II, pag. 58), la *bataille d'Hohenlinden est sans doute une des plus décisives de la guerre,* mais elle ne doit être *attribuée à aucune manœuvre, à aucune combinaison et à aucun génie militaire ;* et page 55, *la manœuvre du général Richepanse dans cette bataille fut une imprudence.* Voici des faits exacts.

Quatre jours avant la bataille, l'armée française occupait à une marche de l'Inn, sur un front de quinze lieues de Muldorff à Rosenheim, toutes les communications qui existaient dans cet espace de l'Inn à l'Iser. Le général Molitor observait les débouchés du Tyrol, le lieutenant-général Sainte-Suzanne arrivait sur la gauche de l'armée, et la division Richepanse était à Ebersberg.

Le 1er décembre, l'armée autrichienne attaqua la gauche de l'armée française; le même jour la division Richepanse se portait sur la tête du pont de Vasserbourg, qui fut, les 1er et 2 décembre, non attaquée, mais reconnue ; la brigade Valter, de cette division, appuyait sur Haag.

Dans la nuit du 2 au 3 cette division reçut l'ordre de reprendre la position d'Ebersberg, et ce ne fut que dans la nuit du 3 au 4 que le général Richepanse reçut celui de partir, de 4 à 5 heures du matin, pour Matenpot, et non Altenpot, avec l'avis que la division Decaen suivrait son mouvement.

L'erreur capitale de l'auteur des mémoires est de croire que cet ordre fut donné le 2, et dans l'intention de prévenir l'ennemi à Matenpot ; ne sachant ensuite ce que ces deux divisions sont devenues, le 3 il les fait errer (pag. 34) au milieu de la nuit, dans des chemins horribles et par un tems affreux, à la lisière de la forêt ; tandis qu'elles retournaient paisiblement dans les camps qu'elles avaient occupés avant le 1er décembre. L'auteur des mémoires reconnaissant en outre (pag. 33) que l'ennemi pénétra sans obstacle dans la forêt, qu'il eût été si facile de défendre pied à pied, et il eût pu ajouter que l'ennemi y pénétra dès le 3 au soir, il reste évident que les divisions Richepanse et Decaen, qui ne devaient arriver à Matenpot que le 4, de huit à neuf heures du matin, n'y étaient pas envoyées, comme l'auteur ne cesse de le répéter, pour défendre la forêt, mais pour se porter sur les derrières de l'ennemi, comme le dit le rapport officiel, et que le général en chef français n'a pas encouru le reproche qu'on lui fait (pag. 53), d'avoir fait un gros détachement la veille de la bataille.

Le général Richepanse arriva le 4 décembre vis-à-vis Saint-Christophe, vers sept heures du matin, et vers neuf heures près de la crête du terrain qui se trouve en arrière de Matenpot; il y formait ses colonnes en silence et sans être vu, quand ses éclaireurs lui amenèrent quelques cavaliers autrichiens, qui, ayant mis pied à terre dans des fermes voisines, avaient été pris sans coup férir ; il apprit par eux le nom et la force des corps de cavalerie qui défendaient le débouché, et, en se portant sur la crête, qui était boisée, on reconnut cette cavalerie, l'on n'y vit point d'infanterie, et ce fut au même instant qu'envoyé pour reconnaître les communications de la forêt, nous revînmes lui annoncer que sa division était coupée. Ce ne fut point à mi-distance de Saint-Christophe à Matenpot, comme on le dit (pag. 34), qu'il apprit cette nouvelle, et il ne devait pas craindre de trouver dans ce dernier village une colonne ennemie supérieure, comme on l'avance (pag. 54), puisqu'il voyait les forces qui y étaient. Il ne fit donc pas l'*imprudence* dont on l'accuse à cet égard. Son premier mouvement fut de rétablir sa communication; mais à peine eut-il fait cent pas, qu'il sut par de nouveaux prisonniers que lui envoyait le général Valter, que le corps qui l'avait coupé n'était que de huit à neuf mille hommes. « Drouet et Decaen sont là, dit-il, la forêt peut cacher notre nombre et nos mouvemens ; hésiter, c'est risquer les succès de la plus belle journée. » La noble confiance qu'il mit dans la franche coopération de ses collègues, et dont ils se montrèrent dignes, les honora autant que lui.

Il débouche donc ; des cuirassiers de Nassau sont surpris dans Matenpot, partie à cheval et partie pied à terre, par la 8ᵉ qui s'empare du village. Le 1ᵉʳ de chasseurs qui, charge la cavalerie ennemie, est ramené par des forces supérieures ; mais de l'infanterie, embusquée sur le bord du bois, assure sa retraite ; pendant ce tems les deux demi-brigades se formaient en colonnes par demi-bataillon ; la 48ᵉ prit la tête, le général Richepanse la guida, la 8ᵉ marchait en réserve à distance, et soutenait le 1ᵉʳ de chasseurs contre la cavalerie ennemie. Des éclaireurs nous flanquaient à diverses distances ; on cessa promptement le feu, et l'on marchait la baïonnette en avant ou l'arme au bras suivant l'occasion, on réservait les munitions pour un plus grand danger ; on culbuta plusieurs fois l'ennemi ; après les décharges de mitraille, on serrait les rangs, le milieu de la colonne souffrit beaucoup. Une fois engagé, le général fit crier sans relâche, *en avant, en avant!* la forêt retentissait au loin de ces cris, et le soldat était distrait de l'idée de la position où il se trouvait.

Dès que l'ennemi eut appris le mouvement qui avait lieu sur ses derrières, il suspendit ses attaques, et le général en chef français prit de suite l'offensive. On venait d'amener prisonnier au général Richepanse le général bavarois Deroi, quand on aperçut à l'entrée de la forêt un officier de la division Ney ; à cette vue la colonne retentit des cris de la victoire ; la division Richepanse avait laissé derrière elle, dans sa marche, soixante pièces de canon, etc. ; elle fit de suite volte-face pour se porter de nouveau sur Matenpot ; et laissa aux autres divisions le soin de recueillir les prisonniers qui allaient être le résultat de cette manœuvre.

La conduite du général Richepanse fut jugée par ses pairs sur le champ de bataille même : le général Decaen, que l'on complimentait sur les prisonniers qu'il avait faits, répondit : *Je n'ai fait que glaner dans le champ où le général Richepanse a moissonné.* Les manœuvres des deux armées sont de même faciles à apprécier par l'exposé fidèle des faits.

Le général en chef français, qui a (pag. 27 des Mémoires) une armée supérieure, en nombre, en moral et en qualité, engage par la position qu'il prend, l'armée autrichienne à lui éviter les dangers du passage de l'Inn, et à faire la faute, dont on convient (p. 55), de l'attaquer dans une saison défavorable; il n'est pas pris en flagrant délit, comme on le dit (pag. 30), parce que son armée n'est pas dans une plaine rase, mais dans un pays où des fortifications naturelles permettent au faible de résister au fort en se retirant lentement et avec ordre par les communications existantes, et la ligne qu'il tient, en assurant à son armée les ressources en vivres et en abris, sans lesquelles les plus belles armées se fondent rapidement, lui permet d'attendre, ou de la réunir en deux marches rétrogrades au moyen de ces communications. L'armée autrichienne, induite en erreur, prend une retraite combinée pour une retraite forcée, parce qu'elle a fait un millier de prisonniers à une armée de cent vingt mille hommes, et elle livre une bataille sans appuyer son aile gauche, lorsque son adversaire peut porter sur le flanc de cette aile vingt à trente mille hommes, puisque le 4 (pag. 52) le général Lecourbe devait arriver sur le champ de bataille.

Le général en chef français, en annonçant que le lendemain sera le plus beau jour de sa vie, ordonne effectivement, le 3 décembre au soir, ce mouvement sur le flanc de l'armée ennemie, et le gain de la bataille se trouve assuré. Par un mouvement inconsidéré, l'aile gauche de l'armée autrichienne se trouve séparée du centre, et le général Richepanse, jugeant bien sa position, et prêt d'ailleurs à se dévouer noblement à la gloire de l'armée, profite de cette faute pour rendre cette bataille une des plus décisives de la guerre.

AVANT-PROPOS.

Comment les combinaisons et le génie militaire qui ont présidé à cette bataille ont-ils pu être méconnus par l'auteur des Mémoires de Sainte-Hélène? C'est que, comme on l'a dit, il a été induit en erreur sur les principales circonstances de cette bataille, et que le système presqu'exclusif de cet auteur, qui avait obtenu de si grands avantages de l'offensive, de l'initiative des mouvemens, prise plus ou moins de tems avant une bataille, et d'une surface d'opération concentrée et terminée par une ligne courbe, était totalement opposé à celui suivi dans cette circonstance, où le front de bandière de l'armée était étendu et presqu'en ligne droite, et où elle recevait une bataille au lieu de la présenter.

La bataille de Hohenlinden, et les combats livrés pendant la retraite de 1796 de l'armée de Rhin et Moselle, ont prouvé, comme ceux qui ont eu lieu en Italie dans la même année, que les deux systèmes ont chacun leurs avantages, dont la supériorité ne dépend que des localités et des circonstances.

L'offensive donne de grands résultats contre des masses surprises pendant qu'elles manœuvrent, contre des généraux qui attendent des ordres pour se décider, et contre des armées dont la mauvaise organisation rend les mouvemens trop lents; mais contre des corps qui s'attendent à être attaqués, et qui peuvent se retirer en occupant successivement de bonnes positions militaires, cette tactique a l'inconvénient de réunir souvent sur le même point des masses trop considérables pour les abris et les vivres qui s'y trouvent, et elle ruine alors l'armée qui l'emploie sans résultat, comme on pourrait en citer des exemples, quand des fortifications naturelles assurent la retraite des corps d'armée attaqués.

Lorsque ces fortifications sont trop faibles, ou qu'elles ne sont pas occupées par des forces suffisantes relativement à celles qui attaquent, une défensive trop étendue peut aussi donner lieu à de grands revers, surtout quand par les communications qui lient entre eux les différens corps, le général en chef n'a pas, comme il est reçu de le dire, son armée dans la main.

On aura, d'ailleurs, sans doute remarqué que dans les deux systèmes l'offensive est indispensable pour le gain d'une affaire quelconque, qui ne se décide qu'en forçant l'ennemi à quitter son champ de bataille ; dans l'un seulement l'offensive se prend plus ou moins de tems avant la bataille, dans l'autre elle ne se prend qu'au moment même. En considérant en outre qu'une armée qui se retire pour recevoir une bataille est maîtresse d'en choisir le champ, qu'elle peut l'établir près de ses parcs et de ses magasins, qu'elle a plus de moyens pour être informée par ses avant-postes de la position des corps ennemis que ceux-ci n'en ont pour connaître la sienne, et qu'enfin elle évite les mécomptes et les dangers que les communications de terre ou d'eau, rendues plus ou moins impraticables par l'ennemi ou par des accidens, peuvent produire, ainsi que l'obligation périlleuse de livrer quelquefois une bataille en ayant un fleuve ou un défilé à dos, et sans avoir de retraite en cas de revers; on doit en conclure que la tactique défensive peut avoir par fois sur l'offensive des avantages marquans, qui justifient les succès qu'en a obtenus le vainqueur d'Hohenlinden.

Outre l'avantage de transmettre intact le type de plusieurs grands succès, les détails dans lesquels on vient d'entrer sont une nouvelle preuve de la grande influence que les fortifications naturelles doivent toujours exercer sur l'étendue et la forme des surfaces d'opérations des armées ; et ils prouvent aussi la stabilité des changemens que l'expérience de cette influence a depuis un demi-siècle introduits dans l'art de la guerre, lorsque les pays qui en sont le théâtre présentent des localités favorables.

En supposant l'armée défensive égale aux trois quarts ou aux deux tiers de l'armée offensive, non compris les garnisons qu'elle doit fournir aux places de guerre, Cormontaingne a donné lieu à de graves objections contre le système sur lequel il a basé la défense des États. L'armée défensive, réunie aux garnisons, devant se trouver alors la plupart du tems égale et même supérieure à l'armée offensive, on en a conclu l'inutilité et même le danger des places de guerre ; parce qu'en employant à accroître l'armée l'argent destiné aux dépenses qu'exigent les places de guerre, on était d'autant plus certain d'augmenter et d'acquérir cette supériorité.

Cormontaingne, en supposant des corps d'armée dans des camps retranchés sous les places, ainsi que des garnisons mobiles pouvant s'aventurer à quatre et cinq lieues de leurs glacis, et en établissant son système de défense des États sur cette hypothèse, ne paraît pas avoir non plus considéré les places de guerre sous le rapport où elles sont le plus utiles, et où rien ne peut les remplacer ; c'est celui où, après une déroute complète, une armée ne peut plus tenir la campagne sans risquer d'être totalement détruite. La terreur s'en empare alors, et il faut du tems et du repos pour pouvoir employer les moyens de rendre au soldat la confiance en ses forces, qu'il a perdue.

Des places de guerre convenablement disposées, munies de magasins de toute espèce, ainsi que d'une nombreuse artillerie, et entourées d'obstacles insurmontables à une attaque de vive force, offrent seules alors, dans les États limités, les moyens de sauver les débris et le matériel de l'armée, d'en rétablir le moral, de la réformer, et d'y incorporer les renforts.

Dans cette circonstance, les grandes sorties à quatre et cinq lieues des places, sur lesquelles Cormontaingne compte pour couper les convois, sont impossibles à exécuter ; elles seraient aussi très-difficiles, même dans un pays ouvert, à une armée offensive non battue, parce que l'ennemi, en se postant au milieu des places avec un corps d'armée aussi fort que le seraient les garnisons réunies, a sur elles l'avantage d'occuper une position concentrée, qui lui permet de se porter promptement en force où il le désire ; parce qu'il a plus de cavalerie que son adversaire, vu que, maître de la campagne, il a les moyens de la nourrir, et qu'il a en outre une supériorité morale qui résulte de sa position offensive, et une supériorité réelle, puisqu'une certaine partie de chaque garnison doit toujours rester dans sa place pour la garder.

C'est ainsi qu'en 1800 on a vu un corps français de neuf à dix mille hommes, en bloquer dans Ulm un de douze à treize mille, qui dans toutes ses sorties, faites sous le canon de la place, fut toujours repoussé sans avoir obtenu de succès.

Quand les places que l'on veut bloquer sont, comme l'était cette place, à cheval sur un fleuve; en établissant deux ponts, l'un en dessus et l'autre en dessous de la place, et en fortifiant les têtes de chaque côté, la garnison ne peut alors dépasser beaucoup ces points, sans craindre d'avoir bientôt à dos la plus grande partie du corps qui la bloque. Quand le pays offre d'autres fortifications naturelles, on peut de même les occuper et les perfectionner sur les diverses routes qui peuvent servir de débouché aux garnisons, et on les concentre ainsi dans un espace limité, au-delà duquel les grands convois peuvent passer en toute sûreté.

Des places de guerre, ne fussent-elles éloignées que de huit lieues, ne peuvent donc plus empêcher les grands convois de munitions de passer entre elles, et par conséquent les grandes armées de pénétrer dans le cœur des États, quand elles doivent y trouver tout ce dont elles ont besoin pour subsister; et ces armées ne manqueront plus de prendre ce parti, toutes les fois que l'occupation des capitales des États les mettra à même de faire la loi, parce que ces invasions, opérées après la défaite de l'armée défensive, n'ont de dangers bien réels qu'après le laps de tems nécessaire pour mettre à même cette armée de tenir de nouveau la campagne.

Les petites places qui ne sont liées à aucune fortication naturelle, et qui ne pourraient faire qu'une faible résistance, sont plus dangereuses qu'utiles, vu la facilité qu'aurait alors l'ennemi à s'en emparer, et vu l'impossibilité où elles sont de recevoir en masse les armées actuelles, quand elles sont battues; mais les places offrent au contraire tous les avantages défensifs désirables dans cette circonstance lorsqu'étant très-fortes, elles renferment tous les magasins nécessaires pour ravitailler l'armée, et qu'elles se rattachent à des fortifications naturelles pouvant former de vastes enceintes fortifiées. C'est là que les armées battues trouvent des vivres, des munitions et un asile assuré, et qu'elles peuvent, quand ces places ont un développement trop étendu pour être bloquées, en déboucher ensuite, quand cela leur convient.

Vauban, dont le génie a, pour tous les objets de son art, devancé le siècle qui l'a suivi, a donné au nord-ouest de la France un exemple de la réunion de ces avantages militaires que l'on n'a pas encore imité.

En ôtant, en outre, aux capitales, la possibilité de donner à l'ennemi qui s'en empare les moyens de faire la loi, alors on rend aux places de guerre, malgré les changemens survenus dans l'art de la guerre, et surtout malgré les masses énormes que la conscription militaire, presqu'illimitée dans quelques États, leur permet de précipiter sur leurs voisins, la propriété si essentielle que Cormontaingne a voulu obtenir, celle de forcer l'ennemi à faire des siéges avant de pénétrer dans l'intérieur des États avec espoir de succès.

Pour résoudre ce problème, on va examiner les avantages des élémens des fortifications naturelles et artificielles, les différentes manières de les combiner, ainsi que l'emploi à en faire dans les principales circonstances. On indiquera la meilleure manière de les construire, en même tems que les établissemens militaires qu'elles exigent. On parlera des avantages que quelques changemens dans l'artillerie de place pourraient procurer à la défense.

On discutera ensuite les dispositions légales ou réglementaires, relatives au matériel et au personnel, indispensables pour assurer l'efficacité du système de défense. Enfin, on comparera les principales dispositions de quelques systèmes modernes, relatifs à la défense des États et des capitales, aux résultats des principes que l'on a cru devoir proposer sur les mêmes objets, et dont on fera le résumé sommaire.

CONSIDÉRATIONS
SUR
LA DÉFENSE DES ÉTATS,
D'APRÈS LE SYSTÈME MILITAIRE ACTUEL DE L'EUROPE.

ÉLÉMENS DES FORTIFICATIONS ARTIFICIELLES,
DIVERSES MANIÈRES DE LES COMBINER.

Les escarpemens en terre, ou revêtus en maçonnerie, sont les premiers élémens des fortifications artificielles ; de là est venu le nom d'escarpe, donné à la partie extérieure de l'enceinte des places, et celui de contrescarpe, au bord opposé du fossé.

Au-dessus de l'escarpe se trouvent les parapets et les traverses qui servent d'abris, et en arrière les terre-plains nécessaires à la manœuvre des différentes armes, avec des rampes ou des escaliers pour y parvenir. Au-dessus de la contrescarpe se trouve aussi assez généralement un terreplain couvert par une masse de terre rapportée, et formant glacis jusqu'à la rencontre du terrain naturel.

La nécessité de couvrir les escarpes aux vues des batteries éloignées qui pourraient y faire brèche, et l'avantage de trouver le plus près possible les terres nécessaires pour masser les remparts, les parapets et les glacis, a conduit à établir la plus grande partie des escarpemens et des contrescarpes au-dessous du niveau du terrain, à une profondeur et à une distance telles que le déblai à enlever soit égal aux masses à former.

Les escarpes des places de guerre ont d'abord eu la forme d'un cercle ou d'un polygone plus ou moins régulier, avec des tours saillantes pour défendre les approches de leur pied et l'accès de leur sommet ; ensuite, l'invention de l'artillerie actuelle ayant forcé à augmenter la capacité de ces tours, pour pouvoir placer à leur surface supérieure un parapet en terre, et un terre-plain suffisant pour la manœuvre des pièces, elles ont reçu le nom de bastion. Les deux faces et les deux flancs qui les composent sont disposés de manière que l'artillerie, placée sur le rempart de chaque flanc, voit à dos ou d'enfilade les assaillans qui cherchent à gagner le sommet des escarpes de la moitié du bastion opposé, et de la courtine qui unit les deux bastions voisins : les feux de flanc et de revers sont, comme on l'a vu dans l'avant-propos, les plus avantageux que l'on puisse obtenir de la disposition de l'artillerie.

Un des objets principaux de la fortification artificielle étant de donner aux armes offensives le plus de découverte extérieure possible, on aplanit et on lui soumet le terrain environnant, à au moins deux cent cinquante toises de distance; et l'on subordonne les hauteurs des parapets de manière à ce qu'ils ne se masquent que le moins possible, et à ce que l'ennemi, en s'en emparant successivement, soit toujours soumis de quelques pieds à celui derrière lequel se trouvent les défenseurs.

Les revêtemens doivent aussi être entièrement couverts par les parapets des ouvrages qui les précèdent, de manière à forcer l'ennemi à venir s'établir dans ces ouvrages pour pouvoir faire brèche à ceux qu'ils couvrent.

Tels sont les principes d'après lesquels on établit le relief relatif des ouvrages; le talus intérieur de leur parapet, dont la crête doit être à sept pieds et demi du terre-plain, pour que les défenseurs y soient en sûreté contre les feux directs, doit être dérobé aux vues du terrain extérieur; excepté dans une vaste plaine de niveau, cette nouvelle condition n'est remplie que par une opération que l'on nomme défilement. Si l'on place à sept pieds et demi de la surface d'un terre-plain une alidade mobile sur un plan, de manière ce que dans sa révolution elle rase les points les plus élevés du terrain relativement à elle, et à ce qu'elle laissse tous les autres au-dessous, au moins à huit cent toises de distance, en marquant sur les piquets placés aux extrémités des crêtes des parapets le point où le rayon visuel, passant par l'alidade, les rencontre, on a l'inclinaison à leur donner et par conséquent celle des terre-plains placés parallèlement au-dessous.

Lorsqu'un ouvrage est situé entre plusieurs hauteurs, on ne peut le défiler qu'au moyen de traverses, de parados ou de parapets placés à peu près perpendiculairement ou parallèlement aux parapets proprement dits.

Les conditions prescrites pour profiler et pour défiler les ouvrages étant quelquefois contradictoires, et devant être remplies simultanément, on ne peut en trouver la meilleure combinaison que par des tâtonnemens. Avec des plans nivelés et exacts on peut y parvenir sans être sur place ; mais, comme les résultats doivent toujours y être vérifiés, il est plus sûr, plus expéditif et plus économique de s'en occuper sur les lieux mêmes, comme le font des puissances voisines de la France, parce que les yeux voient alors clairement et facilement toutes les circonstances locales qu'il faut que, par des efforts plus ou moins pénibles, l'imagination se représente constamment, quand on opère de loin.

Le système bastionné, dont on vient d'exposer succinctement tous les avantages, est généralement adopté depuis plusieurs siècles, et l'on a cherché en vain d'autres tracés, réunissant les mêmes propriétés défensives.

Les communications des places avec l'extérieur sont établies sur le milieu des courtines, comme étant l'emplacement le plus sûr et le mieux vu par les flancs; et, pour rendre les surprises plus difficiles, on couvre ces courtines par des demi-lunes, dont les faces sont dirigées sur celles des bastions. Les faces de ce nouvel ouvrage, combinées avec celles des bastions, voient alors de très-près, de flanc ou de plein fouet, ou même de revers, toutes les parties des glacis qui les couvrent, et dont les saillans, plus faibles que les rentrans, peuvent alors recevoir exclusivement une augmentation de résistance.

Pour favoriser les sorties on établit dans le chemin couvert des places d'armes, ou parties de terre-plain spacieuses, propres à les recevoir ; on les forme aux saillans en arrondissant la contrescarpe, et aux rentrans en brisant les branches du chemin couvert; et l'on établit les communications de la place aux gorges des demi-lunes et de ces places d'armes, au moyen de caponnières ou parapets en terre, terminés en glacis du côté de la campagne, et aboutissant à des poternes pratiquées sous le rempart du corps de la place.

Pour dérober ces poternes aux vues de l'ennemi quand il est établi aux saillans des bastions, on les couvre par une tenaille ou masse de terre placée en avant de la courtine, et séparée d'elle et des flancs par un

4.

espace de trente à trente-six pieds de large. La tenaille a aussi l'avantage d'empêcher de faire brèche à la plus grande partie de la courtine, de présenter aux sorties qui ont lieu dans les fossés secs un espace pour se rassembler, et de couvrir les moyens de communications quand les fossés sont pleins d'eau.

Enfin, retenue et élevée, l'eau concourt puissamment avec les mines à empêcher entièrement, ou à rendre extrêmement lente à proximité, dans les fossés et sur le terre-plain des ouvrages, l'exécution successive des sapes. On appelle ainsi des fossés ou tranchées plus ou moins profondes, que la violence des armes offensives force l'assaillant à creuser, pour pouvoir arriver au pied des brèches, que son canon, transporté et mis en batterie par le même moyen, ouvre à l'escarpe des ouvrages.

Tels sont les principaux élémens du système bastionné, qui n'ont depuis trois siècles varié que de dimensions, ou qu'en étant redoublés, soit en couvrant un petit bastion tenant au corps de place par un bastion détaché, soit en construisant une grande demi-lune devant une petite, comme l'a fait Vauban.

Cet illustre ingénieur, s'étant placé relativement à l'établissement des places fortes, à une grande distance au-dessus de ses contemporains et de ceux qui l'avaient précédé, et ne paraissant point avoir été surpassé par ceux qui l'ont suivi, c'est par l'exposé des principes qui l'ont guidé dans son dernier système que commencera l'examen détaillé des combinaisons des élémens de fortifications, qui paraissent les plus favorables à la défense des états, d'après le système militaire actuel.

Dans son premier tracé, Vauban fait la ligne de défense des flancs à la contrescarpe du saillant du bastion, au plus de cent vingt toises, et s'il s'éloigne un instant de cette règle, dans son second tracé, exécuté à Landau, il y revient de suite dans son troisième à Neuf-Brisak, en construisant sur la première enceinte de petits flancs, dans le prolongement de ceux des bastions détachés.

La longueur de la ligne de défense doit être déterminée par la distance à laquelle on peut lancer des projectiles avec quelque précision, et cette précision dépend de la portée des armes, comme de la possibilité que l'on doit avoir de bien ajuster l'objet à battre. Dans la guerre de siége il faut pouvoir ajuster de nuit à la lueur des pots à feu; ce ne serait donc qu'après de nouvelles expériences, plusieurs fois répétées pendant la nuit, que l'on pourrait augmenter la longueur de la ligne de défense prescrite par Vauban, sans avoir à craindre des inconvéniens de ce changement.

Un des avantages des demi-lunes peut-être inapprécié, c'est d'avoir réduit à cent vingt toises, et à moins, la ligne de défense du saillant des glacis des bastions par les faces des demi-lunes, et réciproquement, avantage très-important pour la guerre souterraine.

Dans son troisième et dernier tracé, Vauban adopte des réduits de demi-lunes, et de grands bastions détachés, couvrant les bastions plus petits du corps de place : son but, comme il le dit, est d'obtenir une seconde enceinte extérieure, et d'interdire à l'assiégeant, par le moyen des réduits de demi-lunes et des petits bastions, toute action de vigueur dans les ouvrages qui les couvrent. « L'ennemi sera obligé, dit-il, de s'en tenir à la sape et aux effets bons ou mauvais de ses mines ; de prendre les retards en patience, et de gagner le terrain tout doucement, et le mieux qu'il pourra. »

Au moyen des petits bastions et des réduits de demi-lunes, précédés d'ouvrages bien contre-minés, la seconde enceinte extérieure peut être défendue avec beaucoup d'avantages. La première enceinte, qui est la plus forte, et dont les flancs casematés ne peuvent être détruits que par des batteries de brèche établies sur les bastions détachés, permet à la garnison de soutenir tous les assauts à la seconde enceinte sans craindre d'être emportée ; la place ne combat jamais l'ennemi avec plus d'avantage que quand il est logé sur le bastion détaché ou sur la demi-lune, vu qu'elle le tient comme enfermé dans ces pièces, privé de toutes protections de ses tranchées et de ses batteries du dehors, et placé sous les feux croisés des courtines et des réduits, sur un terrain du dessous duquel il s'est emparé à l'avance. Ces feux, qui ne sont point vus de ceux des tranchées, restent long-tems supérieurs, et interdisent pendant ce tems à l'assaillant l'usage du canon dans l'intérieur des ouvrages.

Enfin, un avantage important du troisième tracé de Vauban sur le système qu'on lui a préféré ensuite, c'est d'offrir aux troupes chargées de la défense de chaque front, des logemens à l'épreuve pour cent vingt hommes à deux pieds par homme, et pour deux cent quarante, en y plaçant un entresol comme la hauteur donnée aux voûtes le permet, dans les tours bastionnées et dans les flancs casematés qui font partie de la fortification même. On y trouve en outre un magasin à poudre, des galeries latérales et des poternes, qui offrent encore des abris à l'épreuve.

On a reproché à ces casemates d'être impraticables à l'artillerie, à cause de la fumée, et inhabitables à cause du défaut de renouvellement d'air.

Des expériences faites à Neuf-Brisack ont fait justice du premier reproche, et, l'on doit d'autant moins y revenir que la manière actuelle de mettre le feu aux fusils de chasse, adaptée aux canons, et réunie à l'usage d'un volet qui fermerait l'embrasure au moment où la bouche de la pièce en sort, empêchera, quand on le voudra, la presque totalité de la fumée de pénétrer dans les casemates. Pour n'avoir d'ailleurs à craindre aucun inconvénient, des moyens de se procurer l'air pur paraissent devoir exister dans toutes les casemates ; et l'expérience peut seule fixer le choix à faire entre le ventilateur à force centrifuge, que l'artillerie emploie avec succès dans la fabrication de la poudre, et celui à air chaud du docteur Wuettig, dont la marine commence à faire usage. (*Moniteur du* 18 mars 1824.)

On a reproché principalement au troisième système de Vauban de laisser une trouée entre la tenaille et le flanc, par laquelle on peut en battre en brèche la première enceinte, aussitôt que l'on est établi dans la place d'armes rentrante. Pour éviter cet inconvénient, Cormontaingne a proposé d'alonger les demi-lunes, de supprimer leurs flancs, et d'élever des réduits revêtus dans les places d'armes rentrantes. Il a aussi agrandi les réduits de demi-lunes, et dérobé aux vues extérieures, un peu mieux que Vauban, leurs flancs armés de deux pièces, dont l'objet est de forcer l'ennemi à se loger dans ces réduits, avant de s'établir sur les brèches des bastions. Il a proposé enfin de remplacer les tours bastionnées par des petits bations, ayant sous leurs flancs des souterrains pouvant recevoir six pièces de canon.

Devant croire que les améliorations du système de Neuf-Brisack, qui se trouvent dans le Mémorial imprimé de Cormontaingne, sont réellement de cet ingénieur, il est difficile d'expliquer comment il a adopté ensuite un système qui n'offre aucun des grands avantages de celui de Neuf-Brisack, et dont Vauban avait même rejeté d'avance quelques dispositions. Au lieu de former deux enceintes distinctes, comme dans cette place, il crut suffisant d'unir les parties de deux courtines voisines couvertes par la tenaille, par un retranchement bastionné, et il considéra alors la portion avancée du bastion, comme la contregarde du front de Neuf-Brisack ; mais eut-il raison ? Dans le système de ce front, le retranchement qui forme la première enceinte est tout fait ; il offre plus de hauteur d'escarpe que les autres parties des fortifications qui le précédent, et les flancs casematés qui le défendent ne peuvent être détruits que par des batteries de brèche établies sur la seconde enceinte ; il n'en est pas de même au retranchement proposé par Cormontaingne, qui est mal flanqué, qui ne voit point les parties de courtine sur lesquelles il s'appuie, et n'offre pas, comme la première enceinte de Neuf-Brisack, de nombreux feux croisés sur les terre-plains de la seconde. Enfin ce retranchement ne doit pas même être exécuté à l'avance, parce que, dit-il, « ce serait construire une seconde enceinte derrière la première, ce qui, généralisé, causerait une dépense prodigieuse, et ne produirait que quelques jours de défense de plus à cinq ou six places que l'ennemi assiégera pendant une guerre. » Il propose donc de ne retrancher les bastions qu'au moment d'en revêtir en saucissons l'escarpe et la contrescarpe défendues par trois rangs de fraises, ou de remplacer au besoin les saucissons par des poutrelles formant un revêtement en charpente.

Si l'on n'avait pas de fréquens exemples de la force des illusions que l'amour-propre produit sur la raison humaine, et de l'entraînement que peut causer l'idée d'attacher son nom à une œuvre que l'on croit digne d'être transmise à l'estime de la postérité, on ne pourrait expliquer comment Cormontaingne, qui a fait preuve d'une grande instruction et d'une grande justesse d'esprit, a adopté un système de fortification privé des avantages et des savantes combinaisons du dispositif qui avait été le résultat des méditations de la vie entière de Vauban, dont il se disait le disciple. L'ajournement, au tems de siége, de l'établissement du retranchement des bastions, sans lequel son système perdait le quart de sa valeur, avait été réprouvé d'avance par cet illustre ingénieur. Les retranchemens, dit-il, doivent être faits à loisir, et préparés de longue main ; ils doivent être revêtus, avoir un rempart, de bons flancs, des parapets à l'épreuve, et être précédés d'un système de mines.

Il observe que lors du siége le gouverneur peut n'avoir ni le tems ni les matériaux nécessaires, que les troupes harassées ne peuvent fournir que peu de travailleurs, qui se trouvent d'ailleurs occupés à d'autres travaux encore plus indispensables. Cormontaingue au contraire suppose la garnison au complet, et composée d'anciennes troupes, habituées au travail, et il calcule méthodiquement le nombre de travailleurs nécessaire, et le tems de l'exécution des retranchemens, d'après une tâche presque double de celle que l'on pourrait espérer, sans porter en ligne de compte les retards que l'affluence des projectiles de toute espèce dans le bastion d'attaque, devra nécessairement occasioner dans leur construction et leur réparation.

Vauban avait aussi établi sur la dernière enceinte de Neuf-Brisack, des moyens de recevoir, à l'abri de la bombe, la moitié des troupes destinées à la défense de chaque front, sans compter les ressources qu'offraient ses traverses casematées de Landau, ses entrées de la ville, etc., et l'on cherche en vain la moindre ressource sous le rapport de magasins et de logemens dans le système de Cormontaingne; Vauban avait aussi réduit au minimum la surface des réduits de demi-lunes, afin de laisser au rempart qui les couvre, et qu'il destinait à être défendu pied à pied par les mines, la plus grande épaisseur possible, et Cormontaingne fit le contraire. Il n'imita donc pas, mais il voulut être original; et il oublia que, dans l'hypothèse d'une guerre malheureuse, hypothèse sous laquelle on doit considérer essentiellement les places de guerre, le repos, la sécurité et une nourriture abondante, que des établissemens à l'épreuve peuvent seuls assurer dans les places de guerre, sont alors les seuls moyens à employer pour rendre au soldat son premier courage.

Le tracé d'un front ne fut pas la seule chose qu'il voulut perfectionner; il chercha aussi à trouver plus ou moins d'avantages dans la disposition des fronts entre eux. En comparant l'attaque extérieure d'un décagone avec celle d'un hexagone composé des mêmes fronts de fortification, Fourcroy, commentateur de Cormontaingne, trouva que les seuls avantages provenant de l'ouverture de l'angle des côtés du décagone, devaient prolonger la résistance du front attaqué, au moins de six à sept jours de plus qu'à l'hexagone, à cause des revers plus prononcés que les demi-lunes prennent réciproquement sur leurs glacis, et de la diminution de l'espace où l'assaillant peut se développer, tandis qu'il se trouve au contraire plus enveloppé par les feux de la place.

Comparant la résistance d'un front relativement à la seule différence de l'ouverture de l'angle du polygone, il assigna, pour les tems proportionnels de ces résistances, au carré, seize à dix-sept jours, à l'hexagone vingt-quatre ; au décagone trente, et à la ligne droite quarante jours ; et il en conclut que les grandes places seules peuvent donner les moyens de prolonger long-tems une défense. Outre les feux de revers et la diminution d'espace pour l'établissement des batteries produite par la disposition des demi-lunes dans les fronts en ligne droite, la difficulté d'établir des batteries sur les saillans des bastions, de manière à voir les fossés du corps de place, doit aussi, selon Fourcroy, donner un grand avantage aux troupes de la garnison, contre les assauts et les cheminemens de l'assiégeant dans les fossés de la demi-lune, et il conclut de ces considérations qu'au lieu d'envelopper une place d'un polygone régulier, sur tous les côtés duquel on placerait un front de fortification, il faut l'enfermer dans un carré ou un triangle, ou développer sur chacun des côtés de la figure que l'on aura adoptée, le nombre de fronts qui auraient été construits sur le polygone. Il regarde la résistance des bastions plats obtenus par ce moyen, et qu'on ne peut ricocher, comme presqu'insurmontables dans les grandes places; parce qu'alors, selon lui, on peut opposer aux quarante pièces que l'assiégeant peut seulement développer contre le front attaqué, cent cinquante pièces distribuées sur les trois fronts intéressés à la défense., lesquelles doivent éteindre le feu des quarante pièces, et même raser le jour les travaux exécutés pendant la nuit par l'assiégeant.

Les bastions des angles du polygone sont alors les seules attaquables, et les points d'attaque d'une place se trouvent réduits au plus à quatre ; à la vérité ces bastions, dont l'angle est le même que celui des bastions d'un carré, n'offriraient plus qu'une résistance de seize à dix-sept jours; mais, en ajoutant une contregarde à chaque demi-lune collatérale, on ne peut arriver au bastion sans s'être emparé de ces contregardes, ce qui augmente la résistance de cinq à six jours; on peut aussi placer en avant des lunettes, qu'il faudrait prendre avant les contregardes; enfin on peut établir, à la gorge des bastions, le retranchement dont nous avons déjà parlé.

« Il n'aurait donc fallu, dit Fourcroy, qu'un peu d'imagination, et fort peu de dépense de plus, pour mettre par ce moyen la plus grande partie d'une enceinte en toute sûreté. » Quant au petit nombre d'angles du polygone, que l'on n'aurait pu couvrir par des inondations ou par d'autres fortifications naturelles ou artificielles peu coûteuses, en y faisant une partie de la défense faite, selon lui, sans nécessité dans son pourtour, on aurait, à beaucoup moins de frais, les mêmes places, infiniment mieux disposées pour la guerre.

Avant d'examiner si les avantages que Fourcroy attribue à la ligne droite sont aussi considérables qu'il le pense, on reconnaîtra que le dernier tracé de Vauban était, comme toutes les choses nouvelles, susceptible de perfectionnement.

On admettra donc la manière dont Cormontaingne couvre les flancs du réduit de la demi-lune, par les branches de cet ouvrage, sans augmenter d'ailleurs la capacité de ces réduits, et l'on supposera en outre, puisqu'il ne peut être ici question que d'une place à construire, deux pièces casematées sous le parapet de ces flancs. Enfin on observera que Vauban, n'ayant jamais, dans tout ce qu'il a dit de la défense des places, séparé la résistance extérieure de la résistance souterraine, ce sont ces résistances combinées qu'il faut comparer dans les deux systèmes, et non pas la défense extérieure seule, comme on l'a fait jusqu'ici.

Comparé à des fronts en ligne droite suivant le système de Cormontaingne, et pourvu d'une défense souterraine qui est la seule capable de porter la résistance même d'un front en ligne droite, au degré que l'exige souvent la défense des États, le front de Neuf-Brisack offre une durée de résistance au moins égale. Nul doute que des fronts de fortifications en ligne droite n'exigent un plus grand développement de travaux simultanés que ceux qui font entre eux des angles plus ou moins ouverts ; au lieu de n'attaquer qu'un bastion et deux demi-lunes, il faudra comprendre dans le développement de l'attaque deux bastions et trois demi-lunes ; cette circonstance exige à la vérité de plus grands moyens pour faire le siége d'une place ; mais elle n'en augmente pas la durée, si l'on a ces moyens, et c'est d'abord une durée constante de résistance que la défense des États exige.

La résistance des saillans, supposés également contreminés, sera la même ; mais celle des demi-lunes plus épaisses de Vauban sera plus considérable ; seulement, en admettant, comme le fait Cormontaingne, que les batteries des tranchées n'aient pas éteint le feu du saillant des demi-lunes, les batteries de brèche contre la demi-lune seront plus difficiles à établir ; mais on peut y suppléer par une seule pièce, destinée à battre le revêtement sur une petite surface pour recevoir le mineur ; la brèche de la demi-lune se ferait alors par des mines, comme Cormontaingne le suppose, aux réduits de la demi-lune et des places d'armes rentrantes, et cette manière de la faire serait favorable, puisque, le terre-plain de la demi-lune devant être défendu par des mines, elle mettrait à même le mineur assaillant d'entrer plus tôt en jeu.

En tenant le sol du milieu de la sape double et traversée à établir le long des branches du chemin couvert, à dix-huit pouces seulement au-dessus de celui du chemin couvert, la tête de sape pourra cheminer sur trois pieds de hauteur au lieu de dix-huit pouces; elle ira alors moitié moins vite; mais le sapeur sera beaucoup mieux couvert, et l'on trouvera la terre suffisante pour les traverses, les parados, etc.

Les prolongemens des faces du bastion tombant au-delà du développement des tranchées ou hors de portée, ces faces ne peuvent à la vérité être soumises au ricochet, c'est l'avantage essentiel et incontestable du tracé en ligne droite; on observera que dans l'hypothèse d'une défense souterraine sous les glacis, dans les demi-lunes, et dans les contregardes, l'attaque ayant lieu aussi souterrainement, la supériorité de l'artillerie perd dans cette circonstance une partie de ses avantages. Foucroy pense lui-même d'ailleurs que, l'emploi de quatre-vingt à cent mortiers pouvant tirer les uns au-dessus des autres, et rapprochés le plus possible, pourrait à la longue faire taire ces quarante pièces, avec d'autant plus de raison, que chaque bombe qui tombe sur une plate-forme ou sur une rampe met la pièce ou la communication hors de service pour plus ou moins de tems, sans compter les pertes d'hommes qui s'en suivent. L'assaillant pouvant éviter en outre la guerre souterraine et les chicanes des contregardes de Neuf-Brisack, puisqu'il est probable que les bastions du front d'attaque de Cormontaingne n'auront pu être retranchés, on voit que la supériorité qui a été attribuée à ces fronts développés en ligne droite, sur l'octogone de Neuf-Brisack, sous le rapport de la durée de la défense, n'a point encore été constatée.

Les seuls avantages des fronts en ligne droite venant d'ailleurs des feux qu'ils peuvent conserver intacts plus long-tems que tout autre front, si l'on pouvait donner aux fronts d'un polygone la même propriété, ils ne le céderaient en rien aux fronts en ligne droite.

Des traverses casematées, ouvertes du côté de la place, dans lesquelles se retireraient les artilleurs chargés de la manœuvre des pièces, et au besoin les pièces elles-mêmes, et desquelles on conçoit même que l'on pourrait charger et manœuvrer les pièces, si elles étaient montées sur des affuts à la Chapmann, paraîtraient pouvoir remplir le premier objet.

Il serait sans doute avantageux, toutes choses égales d'ailleurs, de diminuer le nombre des fronts d'attaque d'une place; mais cet avantage est moindre pour le dernier système de Vauban que pour tout autre, parce que tous les fronts s'y trouvent retranchés, parce que le palissadement général n'est plus regardé comme indispensable à établir de prime abord, non plus que les communications permanentes de siége actuellement usitées, pour arriver du corps de place aux ouvrages avancés. Si d'ailleurs, sous ces rapports, quelques dépenses de plus étaient nécessaires pour le système de Neuf-Brisack, elles seraient compensées et au-delà par les ouvrages qu'il faut nécessairement ajouter aux quatre angles si peu résistans, suivant Cormontaingne même, du carré sur lequel on aurait développé des fronts de fortification en ligne droite, et même par l'augmentation du développement qu'il faudrait donner à l'enceinte pour obtenir la même surface intérieure, puisque plus les polygones se rapprochent du cercle, plus la surface qu'ils renferment est considérable à circuit égal.

La position de Neuf-Brisack, au milieu d'une plaine, et obligée par celle de Vieux-Brisack, auquel cette place devait se lier, ne doit d'ailleurs presque jamais se rencontrer, puisque la première condition que doit remplir la position d'une place forte, est de s'unir à des fortifications naturelles, qui doivent influer davantage sur ses points réels d'attaque, que les détails de son tracé. Enfin le système de Neuf-Brisack ne peut que gagner à être développé en ligne droite.

Les résultats trouvés par Cormontaingne et ses commentateurs diffèrent de ceux de Vauban, parce que, comme on l'a déjà dit, ils n'ont pas eu égard à la résistance combinée des fortifications extérieures et souterraines, quoique Cormontaingne ait reconnu leur intime et nécessaire liaison. L'échelle qu'il a établie pour juger de la résistance des fortifications paraît donc fautive en général, parce qu'il n'a considéré le problème que sous une partie de ses points de vue, et en particulier en ce qu'il n'a eu aucun égard au moyen qu'offre l'emploi des mines, pour accélérer surtout la prise des places dans la défense desquelles il n'a pas lieu ; par exemple, Cormontaigne, pour faire une descente de fossé, suppute combien il faut faire de galeries pour l'établir en supposant la pente de ces galeries au sixième, et l'expérience prouve que la pente au quart est suffisante ; elle prouve aussi qu'en une nuit, en établissant des puits derrière la contrescarpe, on peut la renverser au point du jour, et par conséquent faciliter une descente à ciel découvert beaucoup plus prompte ; la fixation des principes de la résistance de la fortification souterraine était donc le seul moyen qu'il avait d'empêcher de regarder l'art des fortifications comme incertain et imparfait, et d'établir une échelle juste de comparaison entre les divers systèmes, et il ne l'a pas employé.

On doit d'ailleurs déplorer le sentiment qui a induit Fourcroy à avancer qu'un peu d'imagination et fort peu de dépense de plus auraient donné les moyens, en employant des fronts en ligne droite, de mettre la plus grande partie d'une enceinte en sûreté. En faisant immédiatement l'application de ces principes au tracé de Neuf-Brisack, la conclusion que l'on devait en tirer, et dont sans doute il ne s'est pas bien rendu compte, c'est que Vauban, auteur de ce tracé, et qu'il reconnaissait pour son maître, n'avait pas eu la moindre imagination, par conséquent point de génie, l'imagination en étant le premier mobile, tandis que c'était au contraire les avantages de la ligne droite, qu'il ne fallait que peu d'imagination pour trouver, puisque Fabre les avait indiqués un siècle avant Cormontaingne.

En cherchant à venger Vauban des injustices qu'on a faites à ses ouvrages, et qui ont retardé le perfectionnement de l'art, on a voulu d'ailleurs prouver seulement qu'en fortification il n'y a rien d'exclusif, et que la ligne droite, les polygones de toutes espèces, les différens tracés et la défense souterraine offrent de nombreuses combinaisons, auxquelles on peut donner le degré de résistance que l'on peut désirer, et dont l'excellence relative ne peut être déterminée que par les localités et les circonstances. On ajoutera même que l'emploi du tracé en ligne droite a un avantage exclusif dans la fortification de campagne, parce que les ouvrages qui pourraient, dans la fortification permanente, annuller les effets des ricochets, sont rarement exécutables dans cette fortification, et que sa défense, étant toute extérieure, consiste dans le plus grand développement possible des effets de l'artillerie, auquel le tracé en ligne droite est très-favorable.

Cormontaingne a aussi adopté l'opinion de son tems contre les petites places, parce que, dit-il, elles manquent toujours de couverts à l'épreuve, où leur garnison soit sainement et à l'aise. Il semble que cette proposition serait aussi vraie en disant : les petites places peuvent être bonnes quand elles ont des établissemens à l'épreuve, sains et suffisans. Elles ont d'ailleurs l'avantage incontestable de n'exiger que peu de garnison pour leur défense passive, c'est-à-dire la défense qui se borne à retarder le plus possible l'avancement des sapes, pour l'artillerie et la mousquetterie, pour la défense souterraine établie sous les glacis, et dans les ouvrages extérieurs à la première enceinte, et en n'employant les sorties que quand elles peuvent l'être avec avantage. Cet ingénieur pense que les grandes places seules sont susceptibles d'une longue défense, parce que, outre les avantages de leur tracé, l'abondance des vivres, et les commodités de toutes espèces s'y trouvent; parce qu'ayant une plus grande superficie, il arrive moins d'accidens; parce que le service y pèse moins, la garnison étant plus nombreuse, et que de là il résulte beaucoup plus de sorties, de coup de mains et de chicanes; mais il paraît avoir oublié ce qu'il a dit des inconvéniens des grandes populations, des approvisionnemens énormes qu'elles exigent, et de la nécessité d'employer une partie de la garnison à les maintenir dans le devoir, quand elles doivent supporter toutes les privations, courir tous les dangers, et voir chaque jour périr leurs familles et leurs propriétés.

Deux grands exemples depuis douze ans ont prouvé que les grandes places ont aussi leurs dangers, puisque la nécessité de les occuper, et le défaut de résolution pour les abandonner lorsqu'elles étaient évidemment nuisibles, ont précipité la ruine de deux gouvernemens qui n'ont pu réunir, sur le champ de bataille où se décidait leur existence, la meilleure partie de l'armée qu'ils avaient créée pour leur défense.

Établir des places qui offrent le plus de superficie possible, et qui n'exigent pour leur défense qu'un minimum de garnison, telles sont les deux premières conditions du problème à résoudre pour rendre les places de guerre réellement avantageuses à la défense de l'État.

Ces deux conditions seront moins difficiles à concilier qu'elles ne le paraissent au premier coup d'œil, lorsqu'il sera prescrit de n'employer les fortifications artificielles qu'à lier de grandes fortifications naturelles, et à les approprier à la défense.

Avant de développer cette idée, on rappellera les bases d'après lesquelles chaque front de fortification paraît devoir être établi. D'après les principes de Vauban et les observations de Cormontaingne, chaque front doit offrir deux enceintes isolées et établies à l'avance, dont la première, qui serait la plus forte, doit être intacte, tant que l'ennemi n'est pas parvenu à établir des batteries de brêche sur celle qui la couvre : les flancs de la première doivent voir aussi l'escarpe des bastions et de la moitié de la courtine de la seconde, afin que la prise de cette seconde enceinte ne produise aucun couvert pour l'attaquant. Cette disposition, en rendant les saillans plus épais, sera avantageuse à la défense souterraine sans nuire à l'extérieure, parce qu'on peut laisser la crête des parapets parallèle au revêtement de la gorge. Les demi-lunes, aussi vastes que possible pour favoriser la durée de la défense souterraine, doivent avoir un réduit dont les flancs voyent à revers, par des pièces casematées et à ciel ouvert, les faces du bastion de la seconde enceinte, de manière à forcer l'ennemi à prendre ce réduit avant de donner l'assaut au bastion. Les réduits de places d'armes rentrantes ne sont utiles qu'autant que la ligne de défense, tirée du bastion au champ des mines du saillant du glacis de la demi-lune, serait plus grande que cent vingt toises ; si elle l'est moins, un corps-de-garde à l'épreuve, ayant pour objet d'assurer la communication, paraît suffisant.

Un système de mines, qui permette de faire sauter au moins deux fois toute la surface du terrain, doit être en outre établi à l'avance sous le terrain que l'ennemi doit parcourir par ses cheminemens sur les glacis des demi-lunes et des bastions, et dans le massif de ces ouvrages ; les ateliers avec les magasins nécessaires au jeu des fourneaux le seraient de même. Sous le titre de *Considérations sur la guerre souterraine*, on est prêt à publier ce que l'on croit le plus propre à perfectionner les moyens de cette guerre, dans l'intérêt de la défense des places.

Enfin, d'après l'exemple du système de Neuf-Brisack, la première enceinte doit offrir des établissemens à l'épreuve, pour recevoir le plus possible du matériel et du personnel indispensables à la défense.

Les ouvrages détachés devraient être établis d'après les mêmes principes.

Si la solution d'un tel problème devait être l'ouvrage d'un seul individu, on pourrait offrir divers tracés, qui rempliraient plus ou moins bien toutes ces conditions; mais dans un corps instruit, où les découvertes particulières sont presque toujours le résultat des lumières générales, on pense que les perfectionnemens de l'art doivent presque toujours être ou censés être l'ouvrage du corps entier, et non celui d'un individu de ce corps, et qu'ainsi ceux du système de Vauban ne peuvent être que le résultat d'une discussion à laquelle chaque officier du génie pourrait prendre part.

La solution de ce problème, dont quelques officiers se sont déjà occupés avec plus ou moins de succès, paraît donc avoir été proposée à tout le corps du génie, et le jugement qui sera porté doit l'être par des officiers impartiaux, qui voyent de haut les questions, et qui soient persuadés qu'un chef faisant partie d'un corps doit tirer sa véritable gloire, moins de ce qu'il fait personnellement, que de ce qu'il sait en obtenir.

La bonté et la promptitude des résultats que l'on obtiendrait de cet appel dépendent donc totalement de l'organisation du personnel du corps du génie, sur laquelle on présentera plus tard des vues générales.

Après avoir fixé les bases des fortifications des places de guerre, il faut déterminer les emplacemens à leur donner; cette question tient à des considérations encore plus relevées, puisqu'elle se rattache aux grandes opérations militaires.

Dans l'Avant-propos de cet ouvrage on a cherché à donner une idée générale des fortifications naturelles qui peuvent se rencontrer dans l'intérieur des États, et de ce qui constitue les positions militaires défensives et offensives; si le pays à fortifier était neuf, sans habitations et sans communications artificielles; c'est aux fortifications naturelles qu'il présente qu'il faudrait, dans l'intérêt de sa défense, subordonner l'établissement des unes et des autres; mais il n'en est pas ainsi, et l'existence des villes, des canaux et des grandes routes, qui ont coûté des sommes plus ou moins considérables pour leur construction, oblige presque toujours à n'avoir égard qu'aux fortifications naturelles, qui couvrent ces villes, ou que les communications existantes traversent.

C'est sous ce point de vue qu'il faudrait avant tout faire la reconnaissance exacte du pays que l'on veut fortifier, et que les places devraient se trouver aux centres où aboutissent, sur plusieurs directions, le plus de positions militaires défensives et offensives.

Cette disposition, qui favoriserait essentiellement les mouvemens des armées, n'est cependant encore que secondaire, relativement à l'objet le plus important que les places doivent et peuvent seules remplir, c'est de recueillir les armées battues, et de leur offrir les moyens de réunir le matériel et le personnel nécessaires à leur réorganisation. Cette condition exige de grands établissemens militaires en tous genres, de vastes emplacemens et des moyens de déboucher à une certaine distance, de plusieurs côtés opposés; elle entraînerait dans des dépenses trop considérables, si l'on n'employait pas, pour couvrir ces emplacemens, des fortifications naturelles, dont les plus favorables sont sans contredit les cours d'eau, lorsque leurs glacis, renfermés entre des berges à pentes douces, peuvent être facilement couverts d'eau, au moyen de digues de retenue et de déversoirs.

Lorsque ces glacis ont une certaine étendue, on peut même ne retenir l'eau qu'entre leurs berges et les digues de retenue; l'intérieur offre alors un emplacement sec plus ou moins grand, qui se trouve couvert par l'inondation sur plus de moitié de son pourtour; et si la position de la place à un confluent permet d'en couvrir plus ou moins le côté opposé par le cours d'eau affluent, on voit que toute la fortification artificielle extérieure peut s'y borner à la défense de têtes de digues par des ouvrages, dont les branches se trouvent défendues par des pièces noyées ou précédées d'un blanc d'eau.

Dans ces places les établissemens militaires à l'épreuve, qui doivent être très-nombreux, étant réunis sur un seul point, peuvent seuls former la portion de la fortification couverte par l'inondation, en leur donnant une forme bastionnée; ils évitent alors de grandes dépenses; et l'on ne voit pas pourquoi on a repoussé si souvent l'idée si simple de rendre défensifs les établissemens à l'épreuve, d'après l'exemple donné par Vauban.

Réunis sur un seul point, les arsenaux, les magasins, les casernes peuvent aussi former, sans dépense, le réduit ou la citadelle, que l'on a reconnus indispensables dans les grandes places, pour être assuré que l'influence de la population ne les empêchera pas de faire toute la résistance dont leurs fortifications sont susceptibles, et que l'État, qui y a consacré des sommes plus ou moins considérables, a le droit d'attendre d'elles.

Les confluens offrent en outre presque toujours les moyens d'établir, avec peu de dépense, de grands emplacemens fortifiés, propres à recevoir les armées battues, ainsi que des débouchés assez éloignés les uns des autres pour assurer, en empêchant pendant long-tems le blocus des places, l'arrivé des renforts et des munitions dont l'armée battue peut avoir besoin, et pour lui permettre ensuite de se remettre en campagne sans que l'ennemi puisse s'y opposer.

Ces grands emplacemens se trouvent alors dans les espaces couverts par les inondations, et sur les plateaux qui se trouvent naturellement placés entr'elles. C'est dans ces circonstances que la fortification en ligne droite est presque toujours applicable et obligée, en subordonnant les proportions des différentes lignes de son tracé à la condition de recevoir une nombreuse artillerie et de lui assuser le plus d'effet possible. Ces lignes de fortification peuvent aussi être redoublées en allant vers la place, de manière qu'après la prise de la première ligne, il s'en présente une seconde à opposer à l'ennemi. Elles doivent être, dans tous les cas, assez éloignées de l'enceinte permanente pour que leur occupation ne lui soit pas nuisible. On peut abandonner d'ailleurs au besoin ces fortifications temporaires, quand on n'a pas assez de troupes pour les occuper; ou au moyen de réduits placés dans les bastions, on peut en faire acheter chèrement et sans se compromettre, l'occupation aux ennemis; et l'on pourra toujours les rétablir promptement, parce que leurs principaux avantages sont dans la localité même, et dans leur artillerie, que la place a mise à couvert dans ses magasins.

Quand on a réduit la garnison au minimum, on se borne à la défense passive des têtes de débouchés, des digues d'inondation, et des fortifications qui couvrent, en avant de la citadelle, les lacunes qui existent entre ces inondations. Tous ces fronts ayant leurs fossés pleins d'eau, et pouvant être flanqués par des batteries casematées, deux cents hommes sont suffisans pour la défense passive de chacun d'eux. Les défenseurs étant logés dans l'escarpe même de la place, n'éprouvent aucune des pertes que l'insomnie, la fatigue et l'intempérie des saisons causent toujours dans les garnisons des places actuelles, et la défense des places de guerre a lieu alors d'après les mêmes principes que la tactique défensive des armées. Au lieu de ces grandes sorties, que l'on peut faire à toutes les époques du siége, quand les garnisons sont nombreuses, et qui sont toujours plus ou moins désavantageuses, puisque ce sont des fortifications que ces sorties doivent attaquer, on réserve les troupes disponibles de la garnison pour ne les faire agir offensivement qu'à l'époque et sur les points indiqués par Vauban, où ces sorties sont évidemment avantageuses à l'assiégé. Bien dirigées, elles peuvent être aussi utiles pour la durée de la défense que les grandes sorties, et elles coûtent beaucoup moins d'hommes.

Des débouchés, assez éloignés pour que l'ennemi ne puisse se trouver en force en tête de chacun d'eux, se trouvent d'ailleurs naturellement établis autour de l'enceinte, par les fortifications qui existent entre les deux inondations, et par les têtes des digues qui doivent les assurer en aval de la place; ils doivent être au moins au nombre de trois, un sur chaque côté opposé de la place, et l'autre en arrière du côté du centre de l'État.

Les confluens des fleuves ou des rivières sont donc les positions les plus avantageuses pour l'établissement des places de guerre du premier ordre. Ils réunissent en outre presque toujours, deux autres avantages précieux pour se procurer les approvisionnemens de toutes espèces, qui dans ces places sont immenses ; ils répandent la fertilité et l'abondance dans les pays voisins, et par suite ils y font toujours établir des communications multipliées par terre et par eau, qui assurent l'arrivage prompt et sûr des munitions. Ils offrent enfin les plus grandes facilités pour l'établissement des nombreuses usines nécessaires au matériel des armées.

Les eaux stagnantes présentent bien aussi des avantages défensifs; mais en général elles répandent dans l'air des germes féconds d'insalubrité, qui peuvent causer des pertes considérables dans les armées. Les autres circonstances locales qui peuvent aussi influer plus ou moins sur la défense d'un front, et par conséquent sur le choix de l'assiette des places et sur le tracé de leur enceinte, sont les bancs de pierre et les sables coulans placés à la surface du terrain, ou à peu de distance d'elle, parce qu'ils donnent un avantage très-prononcé au mineur qui le premier s'y est établi, et qu'ils peuvent doubler la résistance de la fortification souterraine.

Toutes les places de guerre ne peuvent être placées à des confluens; mais les rivières considérables formant des presqu'îles, qui ne laissent, entre les points les plus rapprochés de leurs cours, qu'un petit espace à fortifier, ne sont pas moins favorables à occuper, lorsqu'elles présentent les avantages principaux dont on vient de parler. Il en est de même des grands escarpemens qui se lient à un cours d'eau, ou de deux fleuves qui se rapprochent, en les liant par des fortifications établies sur leur ligne de moindre distance. S'il était permis de faire l'application de ces principes à plusieurs places de France, on prouverait bientôt combien ils sont faciles et avantageux. Enfin, une petite place établie à un confluent, et dans laquelle on a pu réunir des magasins suffisans, peut aussi au besoin servir à recueillir une armée, puisqu'elle offre les mêmes avantages militaires qu'une grande; et tel serait l'avantage de subordonner dans les places de guerre les fortifications artificielles aux fortifications naturelles, puisque quand l'assiette d'une place est bien choisie, on peut adopter un tracé susceptible de recevoir tout le développement d'une grande place, ne l'étendre qu'au fur et à mesure que les moyens et les circonstances le permettent, et en remplir, en attendant, les lacunes avec les établissemens militaires à l'épreuve, qui dans toutes les places doivent toujours être considérés comme la première chose à construire. On peut défendre quelque tems une maison où il se trouve des vivres et un abri; mais on ne défendra jamais long-tems la meilleure fortification qui n'offrirait aucun moyen de satisfaire à ces deux besoins essentiels à la vie de l'homme ; on aurait évité de rappeler des vérités aussi triviales si leur oubli n'avait causé, dans les dernières guerres, une perte d'hommes immense, et si l'on s'était aperçu que depuis on y eût eu égard.

Les autres avantages qu'offrent les places de guerre sont d'assurer à leurs possesseurs des débouchés importans, et d'en priver l'ennemi, de recevoir dans leur enceinte les productions et les richesses du pays, ainsi que sa population utile et influente, et enfin d'offrir de distance en distance aux armées en campagne, et à proximité des positions qu'elles occupent, des munitions de toutes espèces, des dépôts pour leurs malades, leurs parcs, etc.; mais pour éviter les désastres dont on a cité des exemples, il faut toujours préparer, dans la construction des places de guerre, des moyens prompts d'en raser les principales défenses, lorsque les garnisons qu'elles contiennent peuvent peser dans la balance des événemens d'où dépend l'existence de leur gouvernement.

Il serait sans doute bien important de pouvoir disputer à l'ennemi le plus long-tems possible la possession des grandes villes, où il s'établit, se repose, et trouve des ressources en tous genres; mais, on le répète, il faut des circonstances particulières pour pouvoir espérer du dévoûment des grandes populations, l'abnégation complète et volontaire de tous leurs intérêts présens, et des jouissances habituelles des grandes villes ; et cette abnégation est nécessaire pour obtenir d'elles un concours favorable à la défense des places de guerre.

La fortification des grandes villes que l'on est tenu d'occuper paraît donc se borner à une enceinte à l'abri d'un coup de main. C'est dans les citadelles, maîtrisant les communications de toutes espèces qui y aboutissent, qu'il faut concentrer tous les établissemens militaires et tous les moyens de défense qui s'y trouvent ; c'est là que l'on doit trouver au besoin des abris, des vivres et des armes pour la défense du gouvernement, quand la haine, qu'inspire presque toujours la présence et les vexations des étrangers, a ranimé le courage et l'amour de la patrie.

La résistance de l'enceinte de la ville suffira d'ailleurs pour donner le tems de transporter dans la citadelle les ressources en tous genres qui se trouveront chez les habitans, et d'en priver par là l'ennemi. On aurait ainsi les avantages que présentent les grandes villes sans en avoir les inconvéniens.

C'est par des positions extérieures, dont ces enceintes et leurs citadelles sont les réduits, que l'on peut alors défendre les villes, et c'est par de fortes citadelles, qui les commandent, que l'on doit, après les avoir évacuées, empêcher l'ennemi de s'y établir, sans craindre à chaque instant d'en être débusqué et même d'y être pris, quand la citadelle en maîtrise bien les communications.

L'ennemi ne pourrait donc y trouver que peu de ressources, et les pertes que cette occupation causerait aux habitans, seraient compensées à leurs yeux par la conservation de leurs habitations, et par l'éloignement des craintes, des malheurs et des privations de toutes espèces qui accompagnent les siéges.

Nous avons dit que, d'après l'organisation des armées actuelles, les places de guerre, rapprochées même à huit lieues de distance, les unes des autres, ne pourraient pas empêcher, après une grande victoire, les armées ennemies de passer entre elles, et que l'ennemi ne manquerait jamais de le faire toutes les fois que l'occupation de la Capitale le mettrait à même de dicter des lois. Les moyens d'ôter aux Capitales cette dangereuse prérogative méritent donc la plus sérieuse attention.

En consultant l'histoire, on y voit d'abord les peuples fortifier leur Capitale, et cesser d'exister avec elle. La prise de Babylone et celle de

Carthage effacent les Assyriens et les Carthaginois de la liste des nations ; et la résistance du Capitole contre les Gaulois sauve le peuple romain. Les raisons, tirées de la grandeur de la dépense et de la force de la garnison qui seraient nécessaires, que Cormontaingne a mises en avant pour ne pas fortifier les Capitales trop populeuses, paraissent sans réplique. Que de troupes ne faudrait-il pas pour assurer la défense d'une place contre la volonté d'une population de cinq à six cent mille âmes, quand, étant bombardée, elle se trouve en prise à tous les dangers, à toutes les privations, aux maladies et à la famine. Le fanatisme de la Ligue, au siége de Paris, ne s'est retrouvé qu'une fois en deux siècles ; il s'exerçait contre un de nos meilleurs et de nos plus grands rois, et les idées répandues dans presque toutes les classes des États actuels, ne permettent pas d'espérer de voir renaître promptement des exemples de cette espèce, si on était tenté de le désirer.

Lorsqu'une Capitale est trop peuplée, on croit suffisant pour empêcher son occupation de forcer le gouvernement à faire la paix, de s'emparer, par des places fortes, des communications qui y aboutissent en sens opposé. Quand cette résidence est à cheval sur un ou plusieurs cours d'eau, cette condition est facile à remplir, en établissant ces places en amont et en aval de la ville. Leur objet principal serait de recevoir les archives, les trésors et au besoin les grands corps de l'État. Elles auraient assez de capacité pour contenir une grande partie des magasins de prévoyance et des approvisionnemens ordinaires de la Capitale. Elles serviraient de têtes de débouchés, et offriraient d'ailleurs, autant que possible, les autres avantages offensifs et défensifs dont on a parlé plus haut ; et une certaine quantité d'habitans devrait même y trouver les moyens de s'y réfugier au besoin. Elles offriraient en outre à l'armée défensive l'appui et les munitions dont elle pourrait avoir besoin.

Dans cette hypothèse, l'occupation de cette Capitale mettrait, à la vérité, entre les mains de l'ennemi la possibilité d'y lever des contributions ; mais elle ne désorganiserait en rien le gouvernement, qui, avec son service courant, pourrait aller s'établir dans une province non menacée. Ces contributions devraient même être modérées, parce que, resserré entre des places fortes, l'ennemi ne pourrait songer à s'établir dans cette Capitale, sans donner à l'armée défensive, maîtresse des deux rives, plusieurs chances favorables pour l'en expulser. Il serait donc forcé de menager une population qui, si elle était irritée, trouverait promptement et à peu de distance, les armes nécessaires pour se venger, et des chefs pour la diriger ; alors pourraient se réaliser en France les paroles de Louis XIV à Villars : « Si vous êtes battu ne le mandez qu'à moi, je monterai à cheval, je passerai par Paris, je les connais, je vous menerai cent mille hommes. »

Les places que l'on propose d'établir donneraient donc les moyens de se faire respecter à la population des Capitales, qui alors ne pourrait nuire à la défense de ces places, les moyens en étant placés hors de son influence. L'ennemi ne songerait pas non plus à détruire ni à brûler, puisqu'il serait certain, par cet acte de barbarie, de faire surgir en un instant, du sein de la Capitale, des milliers de bras prompts à l'en faire repentir.

Tels seraient les moyens d'éviter le plus possible les maux de la guerre aux Capitales, de détruire la plus grande partie des avantages que les armées modernes ont trouvés dans leur occupation, et de profiter des ressources immenses qu'elles présentent avec le moins de dépense et de garnison possible.

Les fortifications établies d'après les principes que l'on vient de poser, n'offrant qu'aide et protection aux armées, aux gouvernemens et aux peuples, devraient être aussi multipliées que les moyens de l'Etat le permettraient.

Dans les Etats déjà fortifiés, ce qui paraît le plus urgent, c'est de couvrir les Capitales par des places fortes placées à proximité, et d'établir ou de perfectionner en même tems dans chaque bassin des cours d'eau principaux qui les traversent, à quinze ou vingt lieues de distance les unes des autres, des places réunissant les trois principaux avantages militaires qui ont été indiqués comme indispensables, au plus haut degré que les localités leur permettent d'acquérir, et l'on choisirait en outre pour elles les emplacemens qui donneraient le plus de facilité à l'armée pour défendre l'accès de la Capitale. On se bornerait, pour les places qui, n'ayant pu être perfectionnées, pourraient dans certaines circonstances être plus nuisibles qu'utiles, à préparer d'avance des moyens prompts et faciles de les détruire.

En considérant la manière dont on pourrait disposer les établissemens militaires à l'épreuve, qui manquent dans presque toutes les places modernes, on croit pouvoir assurer que l'on obtiendrait en peu de tems tous les résultats que l'on a indiqués, si l'on arrêtait seulement les bases principales de la défense des États, qui paraissent partout encore très-indécises, parce que l'institution qui seule paraît pouvoir les fixer est encore à créer. Les questions à traiter, se rattachant aux grandes opérations des armées, paraissent être du ressort d'un comité consultatif, composé des officiers de toutes armes les plus expérimentés, et les plus instruits sur les objets à déterminer.

CONSTRUCTION ET DÉTAILS DES FORTIFICATIONS

ET

DES AUTRES ÉTABLISSEMENS MILITAIRES.

Dans un Mémoire sur l'application du principe des vitesses virtuelles à la poussée des terres et des voûtes, nous avons prouvé que Vauban était le seul ingénieur dont les constructions avaient présenté jusqu'ici la solution du problème de la poussée, dans toute sa généralité, et sans employer de pilotis. La découverte du nouveau principe de stabilité développé dans ce Mémoire, due à l'examen de ces constructions et des causes des avaries arrivées depuis à divers établissemens militaires, a procuré les moyens de conserver aux revêtemens et aux magasins à poudre tous les avantages de stabilité que leur a donnés Vauban, en en diminuant la dépense et surtout l'entretien.

On voit dans la note 2 le jugement qui a été porté de ce travail à la Société d'Encouragement, et les explications que nous avons cru devoir donner à quelques expressions de ce rapport, dans le Moniteur du 6 février 1824. N'ayant pu en obtenir aucun des commissions nommées successivement dans l'Académie des Sciences, pour examiner ce Mémoire, nous avons cru devoir, dans l'intérêt public, prouver authentiquement le désir que nous en avions eu, et celui que nous avons encore, de trouver des moyens d'être plus heureux à cet égard ; nous croyons avoir aussi assez soulevé le voile qui cache les obstacles qui paraissent s'être opposés à la rédaction d'un rapport, pour espérer que le silence des commissions de l'Académie ne fera point de tort à un travail dont les résultats doivent produire des avantages si marqués dans la plupart des constructions publiques.

On trouve dans le Mémoire dont on vient de parler, les moyens d'enlever, au profil du revêtement de Vauban, et sans lui faire perdre aucun de ses autres avantages, la seule imperfection qui lui ait été reconnue ; c'est d'éprouver de promptes dégradations à son talus extérieur. L'on y indique aussi une combinaison de voûtes anciennement connue, naguère très-usitée, ensuite rejetée à cause de plusieurs ruptures, qui s'y sont manifestées, comme nous l'avons prouvé, par un défaut de proportion dans la surface des fondations de ses différentes parties. Cette combinaison, qui produit une diminution d'environ un cinquième sur le volume total de la maçonnerie des revêtemens, et qui en réduit l'entretien au minimum, offre, en outre, des espaces à l'épreuve de la bombe, qui pourraient être employés en logemens ou en magasins, en les rendant salubres; on obtiendrait ce résultat en empêchant l'eau, qui filtre à travers les murs adossés aux terres, de venir refroidir et saturer au-delà de la proportion ordinaire l'air de la casemate, en y faisant affluer au contraire une quantité suffisante d'air pur, et en assurant en même tems l'évacuation de l'air méphitique, produit par la respiration.

On peut empêcher l'eau des terres d'arriver jusqu'à l'air renfermé dans la casemate, de plusieurs manières; en lui opposant un obstacle insurmontable à la surface extérieure, ou intérieure, ou dans la masse même des voûtes et de leurs pieds-droits. Bien que les expériences que l'on a faites, et celles dont on s'est procuré les résultats, aient mis à même d'espérer la solution complète de ce problème, on pense qu'elle doit être mise au concours, parce qu'il est possible que l'on en trouve une plus simple que celle que l'on pourrait présenter. On observera que les tours bastionnées de Neuf-Brisack, offrent déjà un résultat satisfaisant sous le rapport de la siccité. Quant au renouvellement de l'air, il est devenu indispensable pour la salubrité, même dans les casernes actuelles, puisqu'on est obligé de se le procurer, la plupart du tems, sans règle ni mesure, en laissant les portes ou les fenêtres ouvertes.

On sait qu'en état de santé, l'homme fait à peu près vingt aspirations et autant d'expirations par minute, et qu'à chaque fois il aspire environ six cent cinquante-cinq centimètres cubes d'air, ce qui fait dix-huit mètres cubes huit cent soixante-quatre millièmes par jour, ou deux toises cubes, trois cent cinquante-huit millièmes. (La toise ou le pied, sont, dans ce Mémoire, le double ou le tiers du mètre.)

Dans ce volume d'air, il ne se trouve que vingt-un centièmes d'oxigène ou trois mètres cubes quatre-vingt-seize centièmes, et le reste est d'azote. La quantité moyenne d'oxigène qui est absorbée par jour dans les poumons d'un homme est d'environ un mètre cube huit dixièmes. On voit qu'à chaque expiration il n'y a qu'une partie de l'oxigène aspiré qui soit consommée. Cette partie est très-variable d'après les expériences connues, puisqu'on a trouvé qu'elle pouvait différer des deux tiers au neuvième.

En considérant la quantité d'oxigène contenue dans la partie d'air aspiré, comme suffisante pour fournir à la consommation qui s'en fait dans les poumons de chaque individu, il ne faudrait, pour assurer sous ce rapport la salubrité d'un logement, que lui donner une capacité égale au nombre de soldats qu'il doit contenir, multiplié par dix-huit mètres cubes huit cent soixante-quatre millièmes. Dans les chambrées actuelles cette capacité pour chaque homme a ordinairement quatre-vingt-quinze centimètres de large sur trois mètres de long, et trois mètres de hauteur, abstraction faite des volumes du lit, des armes et de l'ameublement; elle serait alors de huit mètres cubes cinquante-cinq centièmes, ou à peu près, de ce qui est nécessaire pour la consommation de dix heures; ce tems est précisément celui de la durée des nuits d'hiver. Ce premier résultat prouve combien il est important matin et soir de renouveler entièrement l'air des chambrées, et l'on doit regretter que, dans la plupart des casernes, ce renouvellement complet éprouve les plus grandes difficultés, par le défaut d'ouvertures placées à des extrémités opposées.

Une autre considération prouve en outre que ce renouvellement périodique n'est pas toujours suffisant. Pour être salubre, l'air que l'on respire doit d'abord renfermer une quantité d'oxigène donnée; mais il ne doit pas en outre contenir d'acide carbonique au-delà du sixième de cette quantité. Cette dernière condition rendrait l'air atmosphérique promptement délétère, parce que l'expérience prouve que dans la respiration il se forme à peu près une quantité d'acide carbonique égale à celle de l'oxigène consommé, si cet acide, par son excédent de poids ne tendait à occuper la partie inférieure de l'espace, comme le gaz azote, échauffé par la respiration, tend à s'élever dans sa partie supérieure.

La différence de la pesanteur spécifique de ces deux gaz méphitiques retarde à la vérité la corruption de l'air; mais leur action, unie à la sérosité qui s'échappe des poumons à chaque expiration, finit par altérer la qualité respirable d'une grande partie de l'oxigène du volume d'air renfermé; il est donc indispensable, pour la salubrité d'un logement, de conserver à ces deux fluides délétères un écoulement continu, comme cela se pratique dans les hôpitaux, par des ventouses placées aux parties supérieure et inférieure des parois des salles. Si elles n'ont pas constamment tous les bons effets dont elles sont susceptibles, c'est que jusqu'ici on n'a fait remplacer l'air délétère qui s'écoule, que par l'air atmosphérique extérieur; et celui-ci n'ayant pas toujours une température en harmonie avec celle des salles, les graves inconvéniens qui pourraient résulter, surtout en hiver, d'introduire intérieurement la température extérieure, empêchent souvent pendant cette saison l'usage continu de ces ventouses. On ne peut donc en rendre les bons effets aussi utiles en été qu'en hiver, qu'en adoptant, pour renouveler l'air des salles, des réservoirs d'air chaud alimentés par un air pur; le ventilateur à air chaud, dont nous avons déjà parlé dans le premier chapitre de ce Mémoire, paraît ainsi devoir être le type des nouveaux fourneaux à établir dans les hôpitaux et dans les casernes, comme le calorique superflu des cuisines, devenir l'agent peu dispendieux, propre à augmenter au besoin la chaleur de l'air pur à introduire.

L'adoption de ce renouvellement constant d'air pur et tempéré dans les logemens des soldats, produirait en outre une économie considérable dans la construction de ceux à l'épreuve de la bombe, qui coûtent quatre à cinq cents francs par homme, en supposant à chaque homme un emplacement de trois pieds de large sur neuf pieds de long et dix pieds de haut; parce que cette adoption peut seule permettre de réduire cet espace sans inconvénient à deux pieds de large sur sept pieds et demi de haut, et par conséquent proportionnellement la dépense. En construisant des voûtes parallèles de quatre-vingt-huit pieds de long, de dix-huit pieds de large et de seize pieds de haut sous la clef, on pourrait, en y pratiquant un entresol, loger dans chaque salle cent vingt hommes à trois pieds par homme, et cent quatre-vingt à deux pieds. Un homme occupe alors une surface d'un pied de large sur neuf pieds de long, par rapport à la surface du terrain correspondant à l'intérieur de la salle; c'est le quart d'une toise carrée, ou un mètre carré.

L'adoption de cadres pouvant se relever contre les murs latéraux, au lieu de lit, donnerait alors beaucoup d'aisance dans les salles pour y établir en tems de siége des ateliers d'ouvriers, ou pour faire prendre aux soldats des exercices de corps, tels que l'escrime, etc., qui peuvent alors suppléer à l'exercice qu'on ne peut prendre au-dehors. L'expérience de la marine prouve qu'une largeur de deux pieds est suffisante pour un cadre ; dans des cas extraordinaires elle suffirait aussi, puisqu'un cadre de deux pieds peut supporter sans inconvénient un matelat de de deux pieds et demi. Lors de l'occupation du département de la Meuse par les Prussiens, on avait proposé à M. le lieutenant-général Pirsch un lit établi sur ces principes, qu'il avait adoptés pour les troupes sous ses ordres; mais son départ s'est opposé à ce qu'on ait donné suite à ce projet.

On a beaucoup parlé des mauvais effets des casemates ; mais personne n'a approfondi ni leurs causes ni les moyens de les détruire. Le renouvellement réglé de l'air, et un exercice modéré pris par les soldats qui les occupent, paraissent devoir ôter aux casemates tous leurs inconvéniens en leur laissant l'avantage exclusif qu'elles ont, de procurer aux soldats les moyens de prendre en toute sécurité la nourriture et le repos, qui sont les élémens de leur existence, et sans lesquels on ne peut espérer d'eux l'obstination de courage nécessaire, pour prolonger la durée de la résistance des places fortes aussi long-tems que l'exige la défense des États. Les casernes peuvent d'ailleurs être facilement changées en hôpitaux, en donnant quatre pieds de large à chaque homme, au lieu de deux.

On se rappelle ce gouverneur qui, resserré dans une petite place, sauva les chevaux de la cavalerie qui y était renfermée, en leur faisant faire de tems en tems un exercice modéré sans presque changer de place. En construisant des écuries à l'épreuve sur vingt-quatre pieds de large comme les magasins à poudre, en leur donnant une forme annulaire, les chevaux d'une garnison assiégée pourraient chaque jour y prendre de l'exercice comme dans un manége. On voit donc que sous ce rapport, on peut, suppléer pour les hommes et pour les chevaux, dans les petites places, aux emplacemens dont on peut disposer dans les plus grandes.

En supposant pour un homme et par jour, en livres égales à moitié du kilogramme et en litres égaux au décimètre cube, une livre et demie de blé, quatre onces de légumes secs, un trentième de livre de sel et de chandelle, une demi-livre de viande, un quart de litre de vin, avec un quart en sus d'eau-de-vie, et un centième de stère de bois; on trouve, d'après des calculs suffisamment exacts, que cinquante-quatre centièmes d'un mètre carré peuvent contenir en barils de trois pieds de long sur deux pieds de diamètre, et sur trois de haut, étagés au besoin, l'approvisionnement d'un homme pour six mois complets, y compris un cinquième en sus pour les officiers, et avec un tiers d'espace vide pour les communications; le bois restant en plein air. L'espace correspondant à chaque homme, étant d'un mètre carré, presque double de cinquante-quatre centièmes de mètre, serait donc suffisant pour en recevoir les vivres pendant un an.

En réduisant en tems de siége, comme on a vu les Prussiens le faire en campagne, la ration de fourrage à dix livres, mais en augmentant la ration d'avoine, et en la portant à douze litres, il ne faudrait par an, pour chaque cheval, que trois mille sept cents livres de fourrage, et quatre mille quatre cents litres d'avoine, pouvant tenir le foin en le comprimant, comme les Anglais en ont donné l'exemple, dans une toise et demie cube, et l'avoine dans une demi-toise cube. En supposant à l'écurie vingt-quatre pieds de largeur pour deux rangs de chevaux, et à chaque cheval une place de trois pieds de large, on voit que la surface qui correspond à chaque cheval est d'une toise carrée. En donnant aux voûtes vingt-quatre pieds de hauteur, et comptant neuf pieds pour le cheval, il restera de hauteur deux toises et une demie, fournissant l'espace nécessaire pour placer la nourriture d'un cheval pendant un an. Il exige, comme on le voit, quatre fois plus d'espace qu'un homme pour son logement et son approvisionnement pendant le même tems.

Pour loger six cents hommes et cent chevaux, en supposant la cavalerie dans la proportion du cinquième, il faut alors neuf mille pieds carrés ou quinze pieds carrés par homme. Pour déterminer la quantité d'hommes et de chevaux que l'on peut placer sur une superficie donnée, il faut ajouter à l'espace nécessaire par homme, celui qui est indispensable pour l'emplacement des murs et des rues à établir entre chaque caserne, en supposant aux rues dix mètres de large; l'espace à ajouter est à peu près les deux tiers de celui trouvé pour chaque homme, ou vingt-cinq pieds carrés, que l'on supposera égal à vingt-sept pieds ou à trois quarts de toise carrée.

On peut maintenant vérifier si ce qu'a dit Cormontaingne des petites places est fondé. Un carré bastionné de cent quatre-vingts toises de côté, et dont la perpendiculaire est égale au huitième du côté, laisse en arrière de la rue du rempart, en regardant les bastions comme pleins, un carré d'environ quatre-vingts toises de face; la surface intérieure y serait de six mille quatre cents toises carrées, où l'on pourrait placer en tems de guerre six mille quatre cents hommes, et douze cent quatre-vingts chevaux, et le tiers de moins en tems de paix, dans les trois quarts de cette surface.

En considérant qu'un vaisseau de cent vingt canons peut recevoir douze cents hommes avec des munitions et des vivres pour six mois, sur une surface de cent soixante à cent quatre-vingts pieds de long sur quarante à cinquante de large dans les grandes dimensions, ce qui ne produit pas une surface réelle de deux cents toises carrées, les résultats que l'on vient de trouver ne paraîtront pas exagérés. Ils n'ont pas encore atteint la limite de réduction qu'ils comportent, parce que, aussitôt qu'on aura adopté un moyen d'empêcher l'humidité de pénétrer dans la maçonnerie, on pourra établir des magasins, pour recevoir en masse le blé et la poudre, comme on l'a déjà tenté et proposé.

On a laissé le quart entier de la surface totale pour les établissemens de l'état-major et de quelques habitans, pour ceux des vivres et des hôpitaux, non contenus dans les logemens à l'épreuve, et surtout pour une salle de réunion la plus vaste possible. C'est le découragement qui fait rendre la plupart des places; la possibilité de se réunir en toute sécurité, et de pouvoir jouir des plaisirs ordinaires de la société, serait le moyen le plus puissant pour soutenir le moral d'une garnison. On voit Napoléon regarder une troupe de comédiens comme un besoin de première urgence en Egypte ; et, l'un des siéges les plus mémorables des dernières guerres, le siége de Kehl, a dû sa durée principalement aux circonstances qui permettaient d'en relever tous les deux jours la garnison. Le soldat et l'officier, en sortant de Kell, allaient à Strasbourg oublier en toute sécurité leurs fatigues et leurs dangers, comme la garnison d'une petite place pourrait le faire dans les établissemens que l'on propose.

Un second moyen de soutenir le moral des défenseurs d'une place assiégée, c'est d'y établir une correspondance avec le dehors, que Vauban n'oublie pas de recommander expressément. On indiquera, dans la seconde partie de ce travail, un moyen prompt de correspondre au loin avec des signaux dont on a toujours quelques-uns sous la main.

Nous n'avons pas porté en ligne de compte dans le nombre des établissemens militaires à placer dans l'intérieur de l'enceinte du carré, ceux de l'artillerie et du génie, parce que l'on n'a pas disposé de l'intérieur des bastions, qui pourra servir à l'établissement des ateliers et des magasins des deux armes. Les traverses casematées, dont on a proposé la construction sur les remparts, pourraient en outre recevoir une grande partie des munitions ou des pièces d'artillerie.

Enfin les revêtemens d'escarpe, dont on a proposé l'adoption, et qui auraient par front au moins deux cents toises de développemens, pourraient, en leur donnant trente-trois pieds de haut extérieurement, offrir des casemates intérieures de seize pieds de haut, dans lesquelles on logerait par front trois cent vingt hommes, et leurs vivres nécessaires pour un an, sans compter les logemens des réduits des demi-lunes et des places d'armes rentrantes et saillantes.

On communiquerait aux logemens d'escarpe par des poternes, et l'on placerait à gauche et à droite de leur entrée les cuisines nécessaires, comme celles des casernes intérieures le seraient dans la partie inférieure de la casemate. L'établissement de ces logemens n'exigerait que l'addition d'une voûte verticale sur l'extrémité des contreforts, dont la dépense ne s'éleverait pas à 50 fr. par homme. On ne peut donc trop insister sur les grands avantages qui résulteront de la solution des deux problèmes dont on a énoncé les conditions pour assurer la salubrité des logemens voûtés et adossés aux terres.

Le mastic de Dihl, un mastic composé d'huile et de chaux vive, appliqué au moyen d'étoupe, le goudron ou le bitume dont on commence à exploiter les mines, placé extérieurement, des feuilles métalliques ou des feuillets de bois privé de sève et d'humidité, et enduits d'oxide métallique dissous dans l'huile; paraissent tous propres à remplir parfaitement le premier objet, comme le ventilateur de Wuettig ou celui à force centrifuge, peuvent également remplir le second. La dépense, les détails d'exécution et les proportions des tuyaux des ventouses, paraissent donc les seules choses à déterminer par l'expérience.

Lorsque l'on considère que l'homme emploie par jour dix-huit mètres cubes d'air respirable, on doit s'étonner que jusqu'ici on n'ait pas assuré, dans les lieux de rassemblement, la présence successive, et dans l'état le plus pur, d'un aliment aussi indispensable, et dont la mauvaise qualité peut influer autant sur la santé, et même sur la vie. Il faut extraire l'air méphitique des parties basses des vaisseaux, tandis qu'il coule naturellement des logemens voûtés des places de guerre dans les fossés et sur la surface des cours d'eau qui les entraînent avec eux. Les succès obtenus dans les vaisseaux sont donc un gage certain de ceux que l'on peut obtenir sur terre.

Un carré suivant le tracé moderne, pouvant recevoir, dans des logemens à l'épreuve, sept à huit mille hommes avec des vivres pour un an; on voit qu'une place moyenne entièrement militaire, ou la citadelle d'une grande ville peut offrir, comme nous l'avons dit, toutes les ressources nécessaires pour recevoir une armée, lorsque des fortifications naturelles couvrent les vastes emplacemens dont cette armée a besoin pour placer ses parcs et se barraquer, sans être trop exposée aux effets de l'artillerie ennemie.

L'exécution des fortifications et des établissemens militaires, ainsi que leur entretien, doivent aussi être soumis à des règles fixes, dont l'objet doit être d'obtenir la meilleure façon avec le plus d'économie possible. On obtient ce résultat, toutes les fois que la règle établie assure au travail et au talent une juste considération.

Il paraîtrait avantageux de faire un an d'avance, pendant chaque hiver, les projets des travaux à exécuter. Ces projets, qui doivent indiquer les quantités, les dimensions et les emplacemens précis des travaux à exécuter, doivent être faits par les chefs du génie et les directeurs, discutés par les inspecteurs chargés d'en faire un rapport motivé, et jugés par un comité supérieur. On observera que quand il y a dissidence d'opinions sur les questions principales, comme les projets se composent d'application de principes à des localités, ceux qui connaissent celles-ci plus particulièrement, tels que les directeurs et les chefs du génie, devraient être entendus. On a vu obtenir de cette méthode, en 1810, 1811 et 1812, des résultats très-importans sous les rapports de l'économie et des avantages militaires que les projets arrêtés à cette époque surent concilier; une discussion devant des juges éclairés, et qui ne sont pas en même tems parties, suffit pour les obtenir. En faisant les projets un an d'avance, les inspections se feraient à l'ouverture des travaux, époque où l'on établit le tracé et le relief des ouvrages nouveaux, et où l'on clôt les comptes de l'année précédente. Toutes ces opérations seraient vérifiées par les inspecteurs. On vérifierait aussi sous leurs yeux le tracé et le relief des ouvrages projetés et établis d'après des plans aussi exacts que possible. Cette opération est toujours indispensable parce que les plans et les côtes peuvent être plus ou moins fautifs ; l'on trouverait aussi très-promptement, en marquant les reliefs par des piquets de hauteur, et en les faisant varier, les meilleures combinaisons des projets à présenter, tandis qu'elles exigent dans le cabinet des travaux très-longs, le plus souvent inutiles, et qui ajournent indéfiniment l'adoption des projets. C'est sous ce rapport que la centralisation, dans les Capitales, des fonctions des chefs du génie, détruirait toute émulation sans produire aucun bon résultat.

Les entrepreneurs, sachant six mois d'avance les travaux qu'ils ont à faire au printems, profiteraient de la saison morte pour faire leur approvisionnement, et les travaux préparatoires des ouvrages ordonnés; ils obtiendraient des sous-traitans des conditions plus favorables pour les transports et la main-d'œuvre, ce qui devrait, à la longue, produire lors de la passation des marchés, des réductions notables sur beaucoup de prix.

L'entretien des revêtemens bien exécutés d'après le nouveau profil serait très-peu considérable, puisque leur talus extérieur est réduit au minimum. Ce talus, qui n'est utile, dans les anciens profils, que pendant le tems où les terres n'ont point encore acquis leur cohésion, devient sans objet quand les terres sont cohérentes et tassées. Il devrait donc être réduit au *minimum* dans tous les anciens revêtemens que l'on restaure, puisque ce serait réduire de même leur entretien. Celui des nouveaux logemens militaires coûterait peu, en arrêtant des modèles invariables pour tout ce qui en est susceptible, et en chargeant les ouvriers de chaque corps des entretiens intérieurs.

Enfin il serait avantageux d'assurer d'avance et d'une manière invariable la plus grande partie des fonds nécessaires à ces entretiens, parce qu'alors on pourrait réparer les dégradations à l'instant même qu'elles commencent, tandis que, négligées, les dépenses qu'elles exigent décuplent : en y affectant les produits des locations des terrains, des bâtimens et de tous les objets productifs qui dépendent des fortifications, les produits augmenteraient promptement et progressivement, parce que les chefs du génie y verraient un moyen certain d'assurer leur service.

Telles sont les améliorations que l'on croit possibles, et faciles à obtenir par une volonté forte et prononcée.

CHANGEMENS A FAIRE A L'ARTILLERIE DE PLACE,

DANS L'INTÉRÊT DE LA DÉFENSE.

L'issue de la plupart des batailles et celle des siéges dépendent également de la supériorité des effets de l'artillerie, contre les points d'attaque que l'on choisit.

Dans les batailles l'artillerie doit se défendre contre l'action de toutes les armes ; dans les siéges, où elle est moins mobile, elle n'a guère à craindre que celle qui lui est opposée.

Vauban, par l'emploi du ricochet, et les armées modernes, par l'usage plus multiplié des pièces à projectiles creux horisontaux et verticaux, ont donné à l'artillerie assaillante un avantage décisif sur l'artillerie attaquée, et l'on a trouvé plus d'une fois, dans les siéges modernes, tous les canonniers d'une batterie tués sur les débris des plate-formes et des affûts de leurs pièces. Dès que le feu de l'artillerie de la place est éteint, les assiégeans, que l'épaisseur d'un gabion suffit pour mettre à l'abri de la mousqueterie des assiégés, avancent rapidement leurs travaux ; ils arrivent promptement alors sur le bord des fossés, d'où ils font brèche aux escarpes, et s'assurent une possession facile des ouvrages que leurs projectiles, en ricochant et en éclatant, ont forcé d'abandonner.

Les soldats d'artillerie, qui se distinguent par des connaissances théoriques et pratiques assez longues à acquérir, disparaissent alors sans pouvoir être remplacés, et avec eux le nerf principal de la défense extérieure des places.

Le premier problème à résoudre, dans l'intérêt de cette défense, est donc de trouver des abris qui protègent mieux le matériel et le personnel de cette arme, que ne le font les parapets et les traverses pleines, ainsi que des moyens d'en manœuvrer le matériel qui exigent moins d'hommes, puisque le perfectionnement le plus essentiel à obtenir dans la défense des places, est la possibilité de réduire la force indispensable de sa garnison.

Vauban a établi des traverses en maçonnerie sur les remparts de Landau, et les a abandonnées à Neuf-Brisack. Elles étaient susceptibles d'être blindées, et avaient un passage voûté. Les inconvéniens de ces traverses étaient d'être exposées à recevoir, sur la surface extérieure de leurs maçonneries, tournées du côté de l'ennemi, tous les projectiles plongeans, et de rendre le voisinage de cette surface dangereux aux troupes, par la réflexion des éclats de pierres que ces projectiles pouvaient y produire.

Vauban, comme on l'a déjà remarqué, ne paraît avoir rien laissé à inventer; mais il a laissé à perfectionner. On proposera donc d'établir des traverses casematées ou blindées dans tous les ouvrages; de placer l'axe de leur voûte parallèlement à la crête des parapets, et de l'incliner d'un sixième du côté du saillant de l'ouvrage, de manière à ce qu'il se trouve environ cinq pieds depuis le terre-plein du rempart jusqu'à l'intrados de la clé, du côté de la place, et trois pieds du côté opposé; ce côté serait couvert par une masse de terre de six à huit pieds d'épaisseur.

La traverse serait couverte des coups de plein fouet par un parapet assez épais pour conserver, même après une brèche faite à l'escarpe, une épaisseur à l'épreuve du boulet. L'embrasure de la pièce, de deux à trois pieds de hauteur serait à terre coulante, et la partie du parapet correspondant à la traverse s'exhausserait, de manière à maintenir sur la voûte le plus de terre possible, et à mieux garantir, par cette disposition, les pièces du ricochet. Ces abris serviraient d'asile aux canonniers dans les intervalles des feux, et ils pourraient aussi servir à faire la manœuvre des pièces avec plus de sécurité, si l'artillerie adoptait, pour la défense des places, des affûts susceptibles de recevoir la propriété des affûts marins de Chapmann, avec lesquels on peut donner à la pièce une direction faisant un angle droit avec le sous-flasque. En lui donnant cette direction après son recul, sa bouche pourrait être amenée sous la casemate. Dans cette position on pourrait alors facilement la charger entièrement à couvert, et ensuite la remettre dans sa première direction.

On pourrait en outre la remettre facilement en batterie, de la casemate même, si l'on adoptait, pour diminuer le recul et faciliter cette manœuvre, le moyen employé par Meúnier dans les casemates de Cherbourg, ou celui qui a été proposé et éprouvé postérieurement au Hâvre, pour remettre les mortiers en batterie. Le canonnier ne courrait plus de danger

ARTILLERIE DE PLACE.

qu'en pointant sa pièce ; et ce danger serait réduit au minimum, si un fronteau de mire, solidement attaché à la culasse de la pièce, garantissait le canonnier des balles, et, en en couvrant bien la tête, ne permettait pas à l'ennemi de connaître l'instant où il pointe.

Le même affût pourrait alors être employé dans les casemates à revers, en ajoutant aux pièces un avantage que des pratiques nouvelles ont prouvé être possible; ce serait les moyens d'y mettre le feu avec de la poudre fulminante et au moyen d'un piston, qui, repoussé par la flamme dans une enveloppe conique, fermerait ainsi toute issue à la fumée de la lumière, et l'empêcherait de se répandre dans la casemate.

Tels sont les changemens qu'il serait avantageux de faire aux affûts de place, pour les rendre en même tems propres à servir dans les casemates et sur les remparts, propriété qu'ils n'ont pas, et qui ne paraît pas incompatible avec les autres avantages qu'ils ont. En citant des affûts où ces changemens ont été éprouvés avec succès, on n'a point voulu dire qu'il fallait obtenir les mêmes résultats avec les mêmes moyens ; le corps royal d'artillerie en trouverait probablement de préférables, s'il lui était demandé de s'occuper de la solution de ces problèmes; le seul but que l'on a eu en vue a donc été d'en prouver la possibilité.

L'affût de place actuel présente de grands avantages; il tire à cinq pieds de hauteur, son châssis se manœuvre facilement, sa fixité le rend propre à conserver la direction pendant la nuit; mais il exige cinq hommes pour sa manœuvre, et il serait à désirer que ce nombre fût réduit à trois. Son usage n'est pas commode pour les casemates; il y arrive difficilement, et y exige plus de place que l'affût marin, qui y a été usité jusqu'ici. Les traverses que l'on propose, supposées sèches, serviraient de magasin aux affûts et aux pièces; pour mettre ces pièces en batterie, elles n'auraient que quelques pieds à parcourir. Des affûts à sous-flasques paraîtraient alors préférables, parce qu'en établissant d'avance, en dalles de pierre, la plate-forme circulaire destinée au mouvement des roulettes de l'extrémité des sous-flasques, l'armement des places, qui coûte maintenant beaucoup de travaux et de dépenses, se ferait en peu d'instans et sans frais, les embrasures à terre coulante à quarante-cinq degrés n'étant point susceptibles de se dégrader; tout l'affût, se trouvant hors de terre, n'éprouverait pas les promptes dégradations et les fréquens remplacemens auxquels sont sujets les plate-formes et les châssis en bois placés à fleur de terre. Il présenterait moins de surface aux projectiles plongeans que la plate-forme enterrée des affûts actuels. Enfin, on n'armerait les places qu'au moment, ce qui prolongerait indéfiniment la durée du matériel d'artillerie. On voit donc que si l'on était obligé d'avoir recours à des moyens de transport étrangers à l'affût que l'on adopterait, pour le conduire dans ces traverses, ce petit désavantage serait compensé au centuple, par les moyens faciles de réparation et de conservation qu'elles offrent, par la moindre dépense pour l'armement des places et l'entretien des affûts et des plate-formes qui en résulteraient, et enfin par la diminution des dangers et du nombre des canonniers nécessaires.

Tous ces motifs semblent donc rendre les problèmes à résoudre dignes de l'attention de ceux que les Etats ont chargés d'assurer leur défense.

LOIS

OU RÉGLEMENS ESSENTIELS A LA DÉFENSE DES ÉTATS.

La défense d'un pays devant reposer essentiellement sur les fortifications naturelles qu'offre sa surface, ce n'est qu'en traçant et en disposant convenablement les communications qui la traversent, que l'on peut donner aux armées les moyens de profiter de tous les avantages que ces fortifications leur présentent; et, la force actuelle des armées ne permettant plus d'espérer qu'après une grande victoire elles s'arrêteront autour des places fortes des frontières, pour en faire le siége, au lieu de marcher sur la Capitale, la surface totale de l'Etat doit être soumise, relativement aux communications de terre et d'eau, aux considérations militaires qui seront reconnues devoir être la base de cette défense; aucune route, aucun canal ne doivent donc être ouverts sans un concert préalable avec l'autorité militaire.

Les intérêts du commerce et de l'agriculture sont sans doute de la plus haute importance; aussi le concert que l'on réclame n'aurait pour objet que de les assurer en nuisant le moins possible à la défense. En considérant que le tracé d'une route et la position des ouvrages d'art qu'il exige, peuvent presque toujours être combinés de manière à pouvoir interrompre cette route, pour un tems plus ou moins long, on verra que l'observation simultanée de ces deux conditions est moins difficile qu'elle ne le paraît au premier abord. Quand bien même le gouvernement, qui doit favoriser constamment toutes les industries, devrait sans cesse préférer leurs intérêts à tout autre, le concert que l'on réclame n'en serait pas moins très-avantageux, parce qu'il offrira la plupart du tems, dans les résultats des discussions qu'il fera naître, des moyens de conciliation ou au moins d'atténuer le mal.

Après les mesures légales, propres à mettre à même les armées actives de profiter de toutes les fortifications des pays qu'elles parcourent, celles

DISPOSITIONS GÉNÉRALES.

qui tendent à diminuer le moins possible la force de ces armées pour fournir aux garnisons des places de guerre, sont les plus importantes.

L'expérience a montré que les Vétérans licenciés rentraient difficilement au service de l'État. On ne peut donc compter que sur les Vétérans qui continuent à y rester volontairement attachés, de quelque manière que cela ait lieu ; et c'est suivre les vues du gouvernement, qui, dans ces derniers tems, a honoré l'état militaire par des distinctions flatteuses, et qui a donné à ceux qui l'embrassent les moyens de mettre leurs lumières au niveau de leur courage, que d'indiquer pour eux la possession presqu'exclusive des emplois, auxquels leur genre de service et leur énergie les rendent propres, à la seule condition de servir de nouveau, momentanément, et sans perdre ces emplois, quand ils en seront requis.

Ainsi la garde de toutes les propriétés des communes ou de l'État, et des lignes de douanes ainsi que beaucoup d'emplois civils et militaires subalternes, devraient être donnés, jusqu'à concurrence de cent mille hommes, aux Vétérans ou militaires ayant fait un congé, et qui, par leur intelligence et leur moralité, auraient mérité cette faveur. Ils seraient tenus, jusqu'à un âge fixé au service des troupes légères chargées de la défense intérieure, service auquel ils se trouvent propres par excellence, par la connaissance qu'ils ont des localités, et ensuite au service des places jusqu'à un âge plus avancé, avec droit à une retraite, quand ils ne pourraient plus remplir leur emploi. Les soldats d'artillerie, et ceux des autres corps qui sont les plus propres à ce service, seraient préférés ; et les compagnies de Vétérans, que l'État entretient, seraient recrutées d'après les mêmes principes.

C'est ici le lieu de remarquer les avantages militaires de l'administration de l'artillerie française ; les matières premières sont fournies à cette arme par des entrepreneurs ou par l'État ; ce sont ensuite les compagnies d'ouvriers qui lui sont attachées, qui sont chargées de toutes les mains d'œuvre. Cette arme se prépare ainsi pour le tems de guerre tout le personnel nécessaire à son service. Les travaux du génie paraîtraient devoir être exécutés, d'après les mêmes principes, par les régimens du génie et des compagnies d'ouvriers. On les trouverait toutes formées au moment de la guerre, ce qui diminuerait d'autant la partie de la garnison à tirer de l'armée active, sans causer plus de dépense à l'État, en y introduisant une bonne administration.

La promptitude, toujours indispensable pour l'exécution des fortifications de campagne et des travaux de siége, exige que toutes les armes participent à ces travaux. On trouve encore chaque jour, dans les fouilles faites dans les anciens camps romains, des briques, des vases, etc., marqués au nom ou au numéro des légions qui les ont faits. L'exécution de ces travaux corrobore la santé du soldat, et l'endurcit à la fatigue. Lorsque les troupes restent huit ans sous les drapeaux, il serait convenable de leur faire consacrer au moins un mois ou deux par an, à l'exécution de tous les genres de travaux qui se rencontrent en campagne; sans l'expérience qu'elles acquerront par là, il sera même impossible de tirer la plupart du tems parti des fortifications que l'on rencontre. Ces travaux pouvant d'ailleurs être rendus utiles, on accorderait au soldat à cette époque, un salaire particulier, qui le mettrait à même d'augmenter son ordinaire, ce qui est indispensable quand il travaille.

L'instruction que l'on donne maintenant aux officiers de toutes les armes dans les écoles, les mettant à même de pouvoir diriger, avec un peu de pratique, tous ces travaux, il serait désigné un officier par compagnie pour être spécialement chargé des ouvriers qu'elle fournirait. Au lieu d'avoir des sapeurs de parade, il serait prescrit de ne désigner pour cet emploi que les meilleurs ouvriers donnés par la conscription ou ceux à qui, sur leur demande, et d'après leurs dispositions, on faciliterait les moyens d'apprendre un métier; les sapeurs auraient une haute-paie.

Cette légère innovation serait très-avantageuse pour les armées en campagne, parce que c'est le seul moyen d'assurer la prompte exécution des travaux des siéges, des passages de rivières et des fortifications artificielles, indispensables la plupart du tems, pour compléter celles qu'offrent les positions défensives.

Quelques États de l'Europe ont établi leur conscription militaire de manière à classer et à pouvoir rassembler, pour leur défense ou pour attaquer leurs voisins, tous les bras qui sont chez eux en état de porter les armes; il est indispensable de les imiter pour avoir au besoin les mêmes ressources, quelqu'éloigné que soit l'instant où l'on prévoie qu'elles pourraient être utiles. En réalisant toutes ces hypothèses, les garnisons des places se composeraient de détachemens d'artillerie et du génie, des bataillons de dépôts, dans lesquels on aurait encadré toutes les réserves appelées au service en cas de guerre, et des Vétérans volontaires mis en activité, et la plupart aptes à la manœuvre du canon. Lorsque les circonstances permettent d'espérer que, d'après l'esprit des villes fortifiées, elles concourront avec zèle à la défense de leur enceinte, on peut alors aussi mettre en activité une ou plusieurs classes de leurs habitans.

Les places de guerre, dont on peut ainsi réduire au minimum le nombre des défenseurs aptes à faire partie des armées actives, seraient alors éminemment utiles pour l'offensive même, puisqu'elles offrent seules les moyens de rassembler, instruire, discipliner et armer les nouvelles levées; elles obligeraient en outre l'ennemi à faire des détachemens de son armée, pour les masquer, et à s'affaiblir d'autant, tandis que l'armée défensive s'acroîtrait au contraire plus tard par les garnisons des places, quand les recrues assez exercées pourraient y être remplacées par d'autres.

Si une trop grande population est dangereuse, le défaut total d'habitans dans les places entraîne aussi des inconvéniens; la garnison est alors privée de toute société, de divers objets que l'habitude lui rend plus ou moins nécessaires, et qui ne se trouvent que dans les villes, et aussi d'artisans et de magasins de toute espèce, dont elle peut tirer bon parti pour pourvoir à ses besoins. Pour diminuer autant que possible les inconvéniens d'une population, qui ne peut devenir dangereuse que par l'exaspération que lui causent les dangers qu'elle court et les privations qu'elle éprouve, on pourrait mettre des conditions au droit d'habiter les places de guerre, et en aider l'exécution au moyen d'indemnités prises sur le produit même des avantages que l'on accorde à un pays, en y établissant des places fortes. En entretenant sur un point un grand nombre d'individus salariés, le gouvernement y détermine une grande consommation, avec l'accroissement du commerce et de l'industrie, et l'augmentation des propriétés foncières, qui en sont la suite; il peut donc faire acheter un peu cette faveur dans l'intérêt général de l'État et même des particuliers, en les obligeant à avoir chacun une certaine partie de leurs maisons à l'épreuve de la bombe, et en leur faisant adopter les genres de construction qui sont les moins exposés à être brûlés. Cette mesure, réclamée constamment par Vauban et depuis, est donc fondée en justice. Les habitans trouveraient alors dans les places des asiles sûrs pour eux, pour leurs familles et pour leurs richesses; leurs approvisionnemens seraient conservés; ils seraient alors utiles sans avoir de motifs pour être dangereux, et pourraient coopérer à la défense des places plus que dans toute autre hypothèse,

Une loi pourrait donc obliger les habitans des villes de guerre à exécuter ces dispositions dans un délai fixé, et leur accorder une indemnité sur les revenus généraux du pays, dont la source est dans l'existence même de ces places.

On ne quittera pas ce sujet, qui a rapport à des intérêts mixtes, sans observer, dans ceux du commerce, combien il serait facile de faire disparaître la gêne que la police et l'organisation actuelles des places de guerre lui font éprouver, en établissant, sous le commandement de leur enceinte même, les moyens de les dépasser en tout tems et à toute heure, en préparant même au voyageur des moyens de s'arrêter et de loger dans certaines portions de l'enceinte, pour lesquelles l'établissement d'une citadelle indispensable ne permettrait pas de redouter de surprise. Ces dispositions seraient aussi avantageuses aux armées en tems de guerre.

Il serait de même très-utile de placer à chaque entrée de ville deux portes accolées au lieu d'une, comme on le voit dans la capitale de l'Autriche. Les armées, plus nombreuses qu'autrefois, réclament des débouchés quadruples en largeur, et les habitans ne seraient pas sans cesse obligés d'attendre plus ou moins de tems à chaque entrée de place. La dépense se bornerait la plupart du tems à la construction d'une porte et d'un pont-levis, car presque tous les ponts qui aboutissent aux portes des places de guerre, ont assez de largeur pour recevoir deux voitures à la fois; et la surveillance serait la même.

L'égoïsme qui résulte nécessairement de la division indispensable des services, explique facilement pourquoi, il reste encore quelque chose à faire dans des vues d'intérêt général.

On rassemblerait inutilement tous les élémens nécessaires à une bonne défense, si l'on n'avait préparé en même tems des chefs pour assurer leur action.

Lorsqu'assaillie par toute l'Europe, la France fut obligée de se défendre dans le cœur même de l'Etat, elle reconnut sans doute, mais trop tard, combien l'oubli dans lequel on avait laissé le matériel et le personnel des places de l'intérieur avait atténué ses moyens de défense. Les réparations des places de guerre ne pouvaient plus s'improviser, et, en ne comptant pour rien les services des officiers employés dans l'intérieur, on avait ou détruit toute émulation parmi eux, ou porté leur affection sur des objets étrangers au service militaire, qui ne leur offrait alors que des dégoûts; ainsi s'étaient perdues ou considérablement affaiblies cette énergie de caractère et cette envie de réussir, plus ou moins prononcées dans chaque individu, et sans lesquelles on ne peut espérer de bons services.

Cette énergie morale qui, quand elle est à un degré éminent et accompagnée de talens distingués, suppose de grandes lumières, beaucoup d'imagination et encore plus de jugement, de l'indulgence et de la fermeté, mais surtout de la justice, ne s'alimente que par l'idée de la gloire à acquérir ; elle s'éteint en général par l'idée de remplir des fonctions peu estimées ou par l'oubli où on laisse des services réels; tandis qu'elle s'élève au plus haut degré d'intensité quand les services qu'elle rend sont appréciés et justement récompensés. Lorsque l'on a, comme les gouvernemens modernes, dix grades à faire parcourir à chaque militaire, et un grand nombre de distinctions honorifiques à leur accorder, comment laisser éteindre cette noble émulation, qui, à la guerre, peut seule sauver les États, comme seule elle peut les enrichir en tems de paix, par les prodiges de l'industrie.

Des bases fixes dans la distribution des récompenses, tout en laissant une latitude suffisante dans les monarchies, à l'essence desquelles semble tenir la reconnaissance, paraissent le seul moyen de faire naître et de maintenir cette ambition louable, qui développe tous les moyens de l'homme, et qui les fait concourir sans froissement au but général que le gouvernement se propose. La solde, l'avancement réglé et les pensions de retraite, sont les récompenses du service ordinaire et obligé d'un militaire; les avancemens extraodinaires, les décorations, etc., doivent être celles des services utiles plus ou moins distingués qu'il a spontanément rendus. On doit récompenser l'homme qui a rendu des services distingués en courant de grands dangers, comme celui qui en a rendu par la supériorité de son caractère ou de son talent ; et, dans l'intérêt public, il faut aussi avoir égard aux services que l'on peut rendre.

La manière de constater les services militaires paraît devoir varier comme les fonctions attribuées aux différentes armes. Dans l'infanterie et la cavalerie, les services et le talent sont plus faciles à constater, une bonne administration, une belle manœuvre, l'influence que l'on prend sur ses subordonnés, ou la faculté d'enlever la troupe que l'on commande, peuvent être facilement constatées; et les inspecteurs-généraux de ces armes, qui ne voient en général dans les officiers qu'ils proposent pour l'avancement, que ceux qui doivent plus tard exécuter leurs ordres avec plus ou moins d'intelligence et d'activité dans l'intérieur ou à l'armée, sont intéressés à faire tomber le choix du gouvernement sur les sujets les plus distingués.

Dans les armes chargées d'appliquer les sciences au matériel de l'art de de la guerre, le gouvernement a plus de difficulté à connaître les talens et les services des officiers. Le faible de tout homme qui s'occupe avec passion d'un objet de science ou d'art, dont la perfection dépend de plusieurs conditions plus ou moins difficiles à remplir et souvent contraires, c'est d'adopter, pour cette perfection, un système que son imagination, plus ou moins rectifiée par son jugement, lui montre supérieur à tout ce qui est connu. Plus il entre de données spéculatives dans celles du problème à résoudre, plus l'amour-propre fournit de prétextes pour tenir au système que l'on a embrassé. Alors on peut être peu propre à apprécier un genre de mérite qui n'est pas le sien, et même un mérite du même genre que le sien, quand on sent qu'il lui est supérieur.

On ne développera pas, et l'on en devinera facilement le motif, ces considérations, que l'on croit justes et même assez graves, pour pouvoir peut-être expliquer la cause du peu de justice que l'on a rendu à Vauban, immédiatement après sa mort, des pas rétrogrades que l'art a fait depuis lui, et du long tems que l'on a mis à s'en apercevoir ; mais on en tirera une conséquence que l'on croit irréfragable, c'est que l'avancement dans les armes spéciales, dont toutes bases doivent être détaillées et précisées, et non totalement abandonnées à l'arbitraire, doit, pour être juste et dans l'intérêt du service, être confié à des personnes qui puissent voir de haut, qui n'aient aucun motif naturel de partialité, et qui soient capables, en même tems, d'apprécier les services rendus comme ceux qui peuvent l'être, par les officiers qui sont présentés pour obtenir des récompenses, ou qui croient devoir réclamer.

EXPOSÉ COMPARATIF

DE DEUX SYSTÈMES PROPOSÉS POUR LA DÉFENSE DES ÉTATS ET DES CAPITALES.

L'EXPÉRIENCE de trente ans a prouvé qu'en Allemagne, en Italie, en France et en Espagne, les places de guerre étaient devenues des barrières impuissantes pour arrêter les armées d'invasion, d'après leur force et leur organisation actuelles, ou pour s'opposer à leur retraite; elle a prouvé aussi que les garnisons et les munitions qu'exigent ces places, quand elles sont trop nombreuses, absorbent la plus grande partie des forces et des moyens de l'armée active, et qu'enfin le peu de développement de la plupart des enceintes des places actuelles n'offre plus aux armées d'asile assuré.

Telles sont les objections contre le nombre et le système des fortifications des places actuelles, qu'un officier général, qui a brillé dans les premiers rangs de l'armée, a consignées dans un Mémoire qu'il a rendu public en 1819.

Il propose, pour ôter aux places de guerre leurs inconvéniens, et pour leur conserver tous leurs avantages défensifs, de les réduire à un petit nombre, et de les diviser toutes en deux classes; la première ayant des garnisons de vingt mille hommes, la seconde de seize mille, et toutes deux renfermant tout ce qui est nécessaire pour les armées. Le but de ces grandes places serait de forcer l'ennemi qui voudrait les dépasser, de laisser devant elles, pour les bloquer, une force double de celle qu'elle contiennent, et par conséquent de s'affaiblir avant de pouvoir se porter en avant; quant aux autres places qui existeraient dans les États, elles devraient, selon lui, être démolies pour rendre à l'agriculture des terrains inutiles, et supprimer des frais d'entretien, de garde et d'état-major.

Développant ensuite la manière d'appliquer le principe fondamental de la défense active, que l'on peut obtenir des garnisons de la force dont il les suppose, et dont les siéges de Kehl et de Mayence, où il s'est trouvé, ont donné de si bons modèles, cet officier général propose d'établir la défense en dehors des ouvrages du corps de place, en forçant l'ennemi à ouvrir sa première parallèle à douze ou quatorze cents toises de la place, dont il ne peut alors s'approcher qu'en livrant des combats continuels, sur le champ de bataille qu'on lui a déterminé.

Les conséquences des principes que nous avons proposé d'adopter pour la défense des Etats, ont tous les avantages du système dont on vient d'exposer les principales dispositions, et elles en présentent en outre de particuliers, qui sont dûs à l'étude approfondie que nous avons faite des ouvrages de Vauban. D'après ces principes, dans chaque bassin des rivières principales qui coulent sur une frontière, on construirait ou l'on perfectionnerait, à des confluens ou aux points où de grands obstacles naturels se rattachent à des cours d'eau, des places pouvant recevoir, non pas seulement une forte garnison, mais une armée entière après une défaite ; elle y trouverait des magasins de toute espèce, et de vastes emplacemens pour camper, couverts par plusieurs lignes successives de fortification.

Le grand développement que leur camp retranché et leurs fortifications naturelles donneraient à ces places, leur procurerait aussi la propriété essentielle de ne pouvoir être bloquées que par une armée presque triple de celle qui s'y serait réfugiée ; parce qu'alors ces places pourraient avoir au moins trois débouchés opposés, éloignés les uns des autres, et séparés par de grands obstacles. Les vues de l'auteur dont nous venons de parler, sur l'établissement des places de guerre, paraîtraient donc entièrement remplies par ces dispositions, mais les avantages défensifs qui en résultent ne nous ont pas paru suffisans. Les vicissitudes de la guerre obligent souvent de réunir toutes les forces disponibles en un seul faisceau ; autrement, restant divisées, elles risquent d'être battues en détail, par des forces dont la masse totale leur est inférieure, mais qui savent se trouver supérieures à chaque point d'attaque.

Il faut donc pouvoir au besoin réduire au minimum les garnisons des places, c'est-à-dire à environ deux cents hommes par front, ce qui est possible quand une nombreuse artillerie et des fossés, secs et pleins d'eau à volonté, comme on a presque toujours la possibilité de les avoir dans les localités que l'on a prescrites, ne laissent aucune crainte de la réussite d'une attaque de vive force. Leur résistance devient alors passive; mais elle peut être aussi longue et aussi meurtrière pour l'ennemi, et c'est là le véritable objet des places de guerre.

Pour donner une idée de cette espèce de résistance, on citerait la défense de Landau en 1704, où, avec une garnison faible, composée de nouvelles levées ou de troupes fatiguées, Laubanie a tenu soixante-dix jours de tranchée ouverte, si ce gouverneur eût développé toutes les ressources de la guerre souterraine en avant des saillans, et dans les terrespleins, des demi-lunes et des contre gardes ; s'il eût forcé l'ennemi à faire le passage du fossé du corps de place, qui pouvait être rempli d'eau ; enfin, si, au lieu de consommer ses troupes en sorties faites de front contre des tranchées extérieures, il les eût conservées pour la défense des chemins couverts, des demi-lunes et des contre-gardes, où l'assaillant, privé de toute protection extérieure, et exposé à tout le feu de la place, était par conséquent alors inférieur à l'assiégé.

Valière, officier de mineurs très-distingué, s'opposa seul à la reddition de la place ; il avait compris le système de Vauban ; mais il promit en vain de faire sauter les logemens de l'ennemi, et de le réduire à ne savoir où mettre le pied. La faiblesse de la garnison fut mise en avant, dans une place à fossé plein d'eau, et dont on pouvait évacuer les forts extérieurs, et elle capitula. Si l'on eût écouté Valière, Follard ne doute pas que le roi des Romains n'eût été obligé d'en lever le siége. Vauban était donc fondé, comme il l'a témoigné, à ne pas approuver cette défense.

Ce siége a bien constaté l'existence de tous les avantages des principes généraux du système de ce grand homme, mais non tout le parti que l'on en pouvait tirer. On n'en a pas assez employé la propriété la plus essentielle, qui est de faciliter l'emploi successif des mines dans les masses des glacis, et surtout des demi-lunes et des contre-gardes. La guerre souterraine offre alors à l'assiégé, suivant l'expression même de Vauban, les moyens de se battre non-seulement de pair avec l'assiégeant, puisqu'une douzaine d'hommes représente, dans cette guerre, une armée tout entière, mais même avec un avantage marqué, puisqu'il est le premier occupant ; l'expérience ayant démontré récemment que cet avantage existait encore, malgré les expériences de Bélidor, et pouvait même être augmenté par diverses circonstances locales, la supériorité des principes du système de Vauban, pour obtenir une défense passive dans les places, avec un minimum de garnison, paraît donc incontestable.

L'avantage de pouvoir obtenir au besoin ce minimum a fait en outre regarder comme indispensable, dans les villes populeuses, de concentrer toute la défense passive autour des réduits ou des citadelles à établir dans leur voisinage ; l'intérêt de l'Etat se trouve réuni à celui des grandes villes dans cet établissement, qui met la durée de cette défense hors de l'influence de leur population, et qui ne rend plus indispensable la défense prolongée de l'enceinte des villes ; on peut alors leur éviter les destructions qui sont la suite d'un bombardement, ainsi que les dangers, les maladies et les privations de toute espèce, qui sont celles d'un long siége.

Lorsque l'on est obligé de défendre l'enceinte de la ville même, on a indiqué, comme le général dont nous avons parlé plus haut, les moyens propres à diminuer l'intensité de ces fléaux pour les habitans, ainsi que les motifs légaux de les prescrire et le mode de les obtenir.

La nécessité d'assurer la même sécurité aux garnisons n'est pas moins démontrée, et les moyens en ont été indiqués ; dans les siéges qui ne durent qu'un mois ou six semaines, les maladies qui résultent pour les soldats des privations et de l'intempérie de l'air, peuvent n'avoir sur la durée de la défense qu'une faible influence ; mais dans les siéges qui doivent durer deux ou trois fois plus, la sécurité, le repos et une nourriture abondante est indispensable, on le répète, pour soutenir le moral du soldat ; et la reddition de Landau, dont nous avons parlé plus haut, paraît en dernière analyse ne devoir être attribuée qu'au découragement de la garnison, produit par les effets désastreux du bombardement.

Après avoir pris des mesures pour conserver la vie et l'énergie du personnel chargé de la défense, il n'est pas moins important d'obtenir la plus grande partie de ce personnel, sans diminuer les forces de l'armée active, et sans employer les habitans qui peuvent ne pas être toujours disposés à bien défendre les places. Des Vétérans employés à charge de concourir au besoin au service militaire intérieur, des nouvelles levées dont on ne peut assurer le rassemblement et l'instruction qu'en les renfermant dans des places de guerre, des compagnies d'ouvriers de l'artillerie et du génie peuvent remplir cet objet.

La défense passive des places de guerre, peut alors être obtenue avec une garnison presque toute composée de troupes inaptes à entrer en campagne, et les places de guerre que l'impossibilité d'avoir beaucoup de garnison de vingt mille hommes avait forcé dans le premier système de réduire à une seule ligne, et d'éloigner de trente à quarante lieues, peuvent être rapprochées de plus de moitié et former deux et même trois lignes, puisque vingt mille hommes de l'armée active peuvent suffire alors pour compléter les garnisons de douze à quinze places.

On peut donc seulement alors, lorsque la frontière offre plusieurs bonnes positions liées entr'elles, y avoir autant de places de guerre qu'il en faut pour profiter de ces positions, les appuyer, et fournir aux armées qui les occupent ce dont elles peuvent avoir besoin.

Outre l'utilité dont sont les places de guerre, pour mettre à couvert les magasins, les hôpitaux des armées, et les richesses du pays, elles peuvent, sans tenir à de fortes positions, et sans être susceptibles d'avoir un aussi grand développement, se rendre aussi maîtresses de débouchés ou de défilés importans; elles donnent alors un champ plus vaste aux combinaisons de la stratégie, et, lorsque ces places peuvent tenir long-tems avec peu de monde, elles sont encore plus avantageuses que nuisibles.

Il n'y a donc, dans le cas contraire, que les places faibles exigeant une forte garnison; on peut alors les mettre hors d'entretien, rendre à la culture leur terrain; et quand l'armée est obligée de les abandonner, en détruire en un instant, au moyen de quelques fourneaux préparés à l'avance, les principales défenses, de manière à empêcher l'ennemi de tirer parti de leur occupation, pour la sûreté de ses dépôts.

Les principes du système de défense que nous avons proposé d'adopter, ne paraissent donc en rien contraires à ceux dont nous venons de faire connaître les principales conséquences, et cette conformité, nous a paru un gage de l'avantage des premiers.

Un auteur qui nous est inconnu a proposé aussi une idée très-ingénieuse pour la défense des Capitales. Il suppose comme nous que c'est sur elles que les efforts des armées actuelles se porteront toujours aussitôt qu'elles le pourront, pour y détruire les ressorts du gouvernement; qu'ainsi, leur conservation devant être l'objet de tous les systèmes de défense, c'est sur les directions qui conduisent de la frontière à la Capitale, que doivent converger tous les moyens de résistance. C'est donc sur les rayons et non à la circonférence que la défense doit s'établir; proposition contraire aux principes reçus jusqu'aujourd'hui, et qu'il appuie d'une considération très-juste, c'est qu'en ne fortifiant qu'une certaine zone des frontières, quand l'armée est réduite à défendre le cœur de l'État, elle se trouve sans appui, sans magasins et sans arsenaux. Retenu par l'impossibilité de fortifier toutes les directions; il se réduit aux plus importantes dont l'armée doit défendre les intervalles, soit de flanc, soit de front, en se combinant avec des obstacles naturels et artificiels.

Après avoir développé tout le parti que l'on peut tirer d'une armée de cent mille hommes, il établit comme principes fondamentaux, qu'une armée défensive doit, dans les différentes surfaces d'opération qu'elle peut occuper pour couvrir la Capitale, trouver, sur toutes les directions principales qu'elle peut prendre, des points d'appui, ainsi que des magasins pour subvenir à ses besoins; et aussi qu'il faut s'emparer, par des fortifications, des grandes communications qui pourraient favoriser la réunion et le concert des armées plus considérables que l'armée défensive.

Il suppose deux ou trois forteresses sur le prolongement de chacune des principales directions que l'armée ennemie doit suivre pour arriver à la Capitale. Les lignes passant par les points fortifiés formeraient alors une série de triangles, ayant deux côtés communs, dont la base à la frontière aurait vingt-cinq à trente lieues, et dont le sommet serait à la Capitale. Dans cette hypothèse, plus l'armée offensive s'avance, plus le front que l'armée opposée a à défendre entre les places se trouve rétréci, et il arrive un point où la supériorité de l'armée offensive ne lui sert plus; à moins de diviser ses forces pour attaquer plus ou moins des divers triangles fortifiés. Cette armée doit alors nécessairement faire des siéges, afin de ne pas trouver un terrain qui se resserre à chaque pas, afin de rompre la protection réciproque que les places se donnent entre elles, et détruire les avantages qu'elles présentent à l'armée défensive pour agir sur les flancs de l'armée d'invasion; il regarde dans la défensive, les positions sur le flanc de l'ennemi comme préférables sous tous les rapports; quant à la défense de front, il ne la croit avantageuse à établir par des places qu'autant qu'elles se lient à des obstacles considérables.

Enfin il admet des petites places pour s'emparer des défilés des frontières; mais ce n'est que sur les rivières navigables, et aux débouchés de grands obstacles, tels que des chaînes étendues de montagnes plus ou moins impraticables, qu'il en admet de grandes.

En éloignant de trente lieues les places de l'extrême frontière, on force l'armée défensive de céder à l'ennemi la plus grande partie de l'État, avant de pouvoir se défendre de front, et en s'appuyant aux places, puisque le front de bataille d'une armée de cent mille hommes n'étant que d'environ deux lieues, ce n'est que près de la capitale que les places se trouvent aussi rapprochées.

En liant, au contraire, comme on le croit préférable, les lignes successives des fortifications naturelles, situées près des frontières, par des fortifications artificielles, dont les élémens et le tracé soient subordonnés aux changemens survenus dans l'organisation et la force des armées, on couvre plus long-tems l'intérieur de l'État, on peut plus facilement couper la ligne d'opération de l'ennemi, dont il ne peut sans danger éprouver une trop longue interruption, ne fût-ce que pour sa correspondance, et il balance d'autant plus à franchir la zone fortifiée de la frontière, qu'elle rend sa retraite plus dangereuse.

Le seul avantage incontestable du système que nous comparons, est donc d'offrir entre la frontière et la capitale, un plus grand nombre de points d'appui et de dépôts à l'armée défensive.

On regarde comme indispensable, pour être certain des résultats des conscriptions, d'avoir, pour deux ou trois départemens de l'intérieur, un point fortifié destiné à en recevoir les conscrits, et à leur offrir l'armement et l'équipement sans lesquels ils sont inutiles ; en fixant les emplacemens de ces points d'après les conditions prescrites pour les places du premier ordre, ils offriraient la même protection à l'armée défensive que dans le système précédent, et en outre un réfuge aux richesses, aux archives et aux employés des départemens.

Les deux systèmes iraient donc de pair, sous ce rapport comme sous celui de la défense des capitales, puisqu'ils proposent tous les deux de faire arriver les places fortes jusque près de l'enceinte de ces villes.

Après une victoire complète, l'armée d'invasion qui passerait à travers les places établies pour couvrir l'intérieur de l'État, et marcherait sur la Capitale, serait obligée de faire en arrivant deux siéges plus ou moins longs. Elle serait en outre entourée de tous côtés par des troupes légères, fournies par l'armée active ou par les classes de la population chargées de la défense territoriale.

Ces troupes légères, connaissant parfaitement les localités, couperaient bientôt toute communication de l'armée d'invasion avec sa base d'opération. La surface que cette armée occuperait devrait être assez restreinte pour empêcher les troupes légères de se glisser entre les différens corps qui la composent. Dans cette position, attaqués toutes les nuits dans leurs bivouacs, harcelés de tous côtés, ils auraient bientôt épuisé les vivres et les fourrages du pays qu'ils parcourraient; ces vivres seraient d'ailleurs très-rares, parce que les troupes légères auraient la possibilité de les faire évacuer à une certaine distance de l'armée d'invasion, et de brûler tous les fourrages qu'on ne pourrait emporter; et une armée de cent mille hommes ne traîne pas à sa suite moins de quarante mille chevaux.

Avant que l'armée ait pu terminer un siége, pour lequel l'arrivée des munitions lui serait aussi sans cesse disputée, l'armée défensive, réorganisée, renforcée, et profitant de ses fautes, serait à même de rentrer en campagne; la position prescrite pour les places à placer près de la Capitale les rendant en outre faciles à débloquer, l'armée d'invasion, après avoir fait des pertes plus ou moins considérables, n'aurait donc plus d'autre ressource que de regagner sa base d'opération, en sauvant, si elle le pouvait, les richesses dangereuses dont elle se serait chargée; les armées offensives seraient donc de nouveau forcées à faire des siéges avant d'espérer de pouvoir réussir dans une invasion, comme elles l'étaient avant les changemens survenus dans le système militaire de l'Europe.

RÉSUMÉ.

L'organisation des armées actuelles, en divisions de dix ou douze mille hommes, renfermant toutes les armes dans des proportions convenables aux localités, leur donne des moyens faciles de profiter de toutes les fortifications naturelles que ces localités leur offrent, pour assurer leur retraite contre des forces supérieures ; la force de ces armées, qui a été presque décuplée, présentant en même tems un grand nombre de divisions, plusieurs de celles-ci peuvent être placées en réserve, et venir promptement au secours de celles qui sont attaquées.

Les armées peuvent donc occuper, sans se compromettre, des espaces plus considérables qu'autrefois; y trouvant les vivres, les abris et les moyens de transport qui leur sont nécessaires, elles peuvent se passer de tentes, auxquelles elles suppléent au besoin par des baraques, elles en sont devenues plus lestes, et leurs mouvemens n'ont plus été subordonnés à leurs convois de vivres.

Après une victoire décisive, elles peuvent par conséquent masquer les places qui défendent les frontières, quelque rapprochées qu'elles soient, par des corps quelquefois moindres que les garnisons de ces places réunies, et refouler dans leur chemin couvert des garnisons découragées, et ne pouvant agir avec ensemble. Le reste de l'armée se porte alors sur la capitale ; il se sert des ressorts que le gouvernement y a laissés, pour gouverner à son profit, y lever des contributions en tous genres, et bientôt l'état de malaise général qui s'ensuit force les gouvernemens à accepter les conditions de paix qu'on leur dicte.

Le système actuel des fortifications des places, a aussi contribué à affaiblir les armées défensives. Cormontaingne ayant appuyé de toute son autorité l'opinion que les grandes places sont seules susceptibles d'une longue défense, et presque tous les perfectionnemens ajoutés depuis un siècle aux places de guerre ayant été extérieurs, il leur a fallu des garnisons plus nombreuses ; et, vu la grande quantité de places de quelques Etats, ces garnisons ont absorbé une partie de l'armée active plus considérable que celle qui tenait la campagne.

L'accroissement qu'ont reçu les armées fait aussi que la plupart des grandes places actuelles ne sont plus suffisantes pour les recevoir.

Le premier objet des moyens de défense à établir dans un État, doit être de pouvoir ôter aux armées d'invasion les avantages particuliers qu'elles ont trouvés jusqu'ici à occuper la résidence du Gouvernement.

Quand la population des capitales est trop considérable, la fortification en serait plus nuisible qu'utile, vu la dépense qu'exigeraient les travaux nécessaires, ainsi que l'approvisionnement de la garnison et des habitans, et vu la force qu'il faudrait qu'eût cette garnison pour maintenir la population quand elle est exaspérée par les malheurs d'un siége.

Dans ce cas, en établissant près d'une capitale des places de guerre susceptibles d'une longue résistance, tout ce que le Gouvernement désignerait, pourrait y être déposé, ou s'y réfugier un moment, tandis que, pour assurer son action, qui est essentiellement extérieure, il se porterait sur le point qui lui conviendrait. L'occupation de la ville capitale serait alors moins utile à l'ennemi que celle de toute autre grande ville, parce que les places voisines de la première, étant maîtresses des principales communications, lui rendraient cette occupation très-précaire, et que leur proximité le forcerait à ménager une population qui, si elle était irritée, trouverait promptement des armes et des chefs pour se venger.

On retarderait d'ailleurs le plus possible l'occupation de la Capitale, en perfectionnant les fortifications naturelles des positions les plus favorables pour la couvrir, et donner le tems d'en évacuer les ressources dans les magasins des places.

La défense des autres grandes villes à fortifier serait établie d'après les mêmes principes; suivant les circonstances, elles auraient ou n'auraient pas une enceinte à l'abri d'un coup de main; mais près d'elles serait toujours une citadelle ou une petite place, dans laquelle seraient concentrés tous les établissemens nécessaires aux armées, et qui offrirait en outre, sous son canon, ou celui de ses ouvrages extérieurs, de vastes emplacemens pour recevoir les armées battues, avec un grand développement de fortifications naturelles, pour en rendre au besoin le blocus le plus difficile possible. Ces places seraient aussi liées à de bonnes positions militaires, formant des lignes plus ou moins régulières, pour couvrir la

RÉSUMÉ.

Capitale ou les provinces, et qui seraient redoublées autant que les moyens de l'État le permettraient, puisque, comme on l'a dit précédemment, les places de guerre, organisées comme on le propose, ne peuvent plus être qu'utiles à l'armée et aux habitans; il en serait de même des places maîtrisant un débouché ou un défilé, et susceptibles d'une longue défense avec peu de monde ; mais on préparerait les moyens de détruire promptement les places faibles, ou exigeant trop de garnison.

Les garnisons, qui, au besoin, pourraient être réduites à celles des citadelles et de quelques ouvrages détachés, seraient formées de détachemens tirés des troupes de l'artillerie et du génie, de vétérans, de nouvelles levées et des dépôts de l'armée active; et on leur donnerait promptement l'énergie nécessaire, en leur formant à l'avance des chefs capables de les conduire avec sagesse, et de les récompenser avec justice.

Les revêtemens, privés de leurs talus extérieurs, coûteraient moins de construction et d'entretien, et l'on donnerait aux établissemens militaires et aux moyens de manœuvrer adoptés pour l'artillerie, les formes les plus propres à conserver le matériel et le personnel de la défense, pendant la durée ou hors de son service.

L'avantage si précieux de profiter, pour la défense de l'État, des fortifications naturelles qui en couvrent la surface, dépend principalement de la direction et du nombre des communications qui les traversent. Le tracé des chemins de terre et d'eau, dans toute l'étendue de l'État, doit donc être subordonné au système de défense adopté, puisque l'objet principal de ce système est de couvrir la capitale.

L'exécution des projets et des travaux, leurs inspections et la comptabilité des dépenses, doivent tendre à réunir l'économie, et la facilité de vérifier, avec la solidité et la durée sans dégradation.

La centralisation des fonctions, les idées exclusives, et le peu de moyens qu'ont alors les officiers des armes spéciales, pour faire connaître et de développer leurs talens particuliers, surtout quand ils ont rapport aux fonctions les plus relevées dont ils puissent être chargés, semblent suffisans pour expliquer l'aberration qui a conduit à méconnaître la profondeur et la justesse des préceptes de Vauban, sur l'emplacement et les fortifications des places de guerre.

Nous avions déjà reconnu, dans un mémoire sur la poussée des terres et des voûtes, qu'il était le seul, jusqu'à cette époque, qui eût résolu ce problème d'une manière générale, sans employer de pilotis; les résultats d'un travail sur la fortification souterraine nous ont aussi prouvé que ce qu'il a dit des avantages de cette guerre était plutôt au-dessous qu'au-dessus de la vérité ; et s'il eût été permis de parler des places de France, nous eussions montré de même que le premier il a donné l'exemple que l'on propose de généraliser, et qui offre les places de guerre unies à de bonnes positions militaires, et à de grandes fortifications naturelles. Enfin, un officier général du Corps royal du génie, après avoir employé, avec des succès glorieux, les règles données par Vauban, pour l'attaque des places actuelles, en a de même reconnu la perfection ; il est donc encore le premier sous tous ces rapports.

Nous n'eussions pas cherché à publier les applications des principes de ce grand homme, à la défense des États, d'après le système de guerre actuel, si nous avions connu un autre moyen de faire triompher ces principes qui sont aussi favorables à la stabilité des gouvernemens, qu'à la sûreté des peuples.

FIN.

Note (2), page 41.

Rapport fait par M. Tarbé de Vaux-clairs, *inspecteur-général des ponts et chaussées, au nom du comité des arts mécaniques de la Société d'Encouragement, sur le Mémoire de* M. de Lambel, *relatif à l'application du principe des vitesses virtuelles à la poussée des terres et des voûtes.*

« Après avoir exposé la théorie des vitesses virtuelles, l'auteur en fait l'application à la recherche de l'équation d'équilibre des parties inférieure et supérieure des voûtes, et parvient aux résultats consignés dans l'ouvrage de feu M. Gauthey, inspecteur général des ponts et chaussées. Jusque là, M. de Lambel avait supposé, avec M. Gauthey, que les fondations des pieds droits étaient établis sur un terrain incompressible, ou rendu tel par les moyens que présente l'art des constructions ; mais il abandonne ensuite cette hypothèse, et recherche quelle serait la nouvelle condition indispensable pour la stabilité d'une voûte construite sur un terrain susceptible de tassement. Il considère, dans ce cas, le terrain comme un fluide, la voûte comme un corps flottant, et détermine, à l'aide des vitesses virtuelles, l'équation correspondante au cas d'équilibre dans lequel il n'y aurait aucune inclinaison de la demi-voûte sur le plan d'établissement, laquelle équation doit exprimer que la résultante des pressions établies d'après la manière réelle dont elles agissent, passe par le centre de gravité de la surface des fondations ; mais, dans la pratique, ce n'est pas un état d'équilibre que l'on doit chercher à donner aux voûtes ; c'est un état de stabilité. L'auteur observe, à ce sujet, que, si la résultante des pressions venait à se rapprocher de l'arête extérieure des pieds droits, il s'établirait, vers cette arête, un mouvement qui déterminerait deux joints de rupture à la clé et aux reins ; tandis que, si la résultante se rapproche de l'arête intérieure, l'incompressibilité et la cohésion des maçonneries seront plus que suffisantes pour empêcher que l'équilibre ne soit pas rompu ; or la formule présentée fournira les moyens de s'assurer, dans chaque cas particulier, si cette condition est remplie. L'auteur applique cette formule à une voûte de trente mètres d'ouverture, surbaissée au tiers, ayant un mètre cinquante centimètres d'épaisseur à la clé, et extradossée de niveau. Le résultat auquel il arrive, pour l'épaisseur des fondations des pieds droits ; est à peu près double de celui obtenu par M. Gauthey, dans les mêmes circonstances, et les deux tiers de la dimension usitée dans la pratique. La même formule est ensuite appliquée au magasin à poudre de Vauban. L'auteur observe qu'il y aurait de l'avantage à établir les contreforts en dedans du magasin, au lieu de les placer en dehors. Enfin il conclut, de la même formule, qu'en général les retraites extérieures des pieds droits doivent être portées au *maximum*, et les retraites intérieures réduites au *minimum*.

» La troisième section du mémoire est une application du principe des vitesses virtuelles à l'équation d'équilibre des revêtemens en maçonnerie, et des terres qui leur sont propres. L'auteur rappelle l'équation due à M. Coulomb, la soumet à une discussion basée sur des considérations nouvelles et des expériences faites par M. Mayniel, et lui fait subir plusieurs modifications. Passant ensuite à l'hypothèse où les fondations seraient établies sur un terrain compressible, l'auteur recherche, à l'aide du principe des vitesses virtuelles, les équations qui expriment que les revêtemens s'enfoncent dans le terrain, sans s'incliner par rapport au plan d'établissement, et observe qu'un excédent de pression sur la demi-surface intérieure des fondations, qui forcerait le revêtement à s'appuyer sur la masse du remblai auquel il est adossé, n'aurait pas d'inconvénient, tant qu'il n'opérerait ni rupture ni pression trop forte sur les arêtes extérieures des assises. Pour vérifier l'exactitude de ses formules, l'auteur les applique aux revêtemens du système de Vauban, et le résultat auquel il arrive est d'accord avec l'expérience. En effet, cette espèce de revêtemens renferme toutes les conditions de stabilité; mais les revêtemens de Vauban sont sujets à éprouver de rapides dégradations, à cause de l'alongement de leurs talus extérieurs. Pour faire disparaître cet inconvénient, l'auteur propose un système de revêtemens avec contreforts voûtés, dont le talus extérieur serait réduit à moins d'un cinquantième de la hauteur. D'après les formules précédemment établies, ce système, dont on a trouvé des exemples dans un des fronts d'Ingouville, au Hâvre, et dans plusieurs murs de quais à Paris, présenterait, à égalité de stabilité, une diminution d'un peu plus du sixième dans le cube des maçonneries; mais on pourrait objecter à l'auteur que l'économie ne serait pas proportionnelle à cette diminution, parce que la sujétion de construire des voûtes sur les contre-forts augmenterait le prix moyen du mètre cube de maçonnerie (A).

Telle est l'analyse sommaire du mémoire dont M. de Lambel a fait hommage à la société; les recherches auxquelles il s'est livré présentent des considérations nouvelles et une utile application du principe fécond des vitesses virtuelles. Il est à désirer que des expériences faites en grand fournissent à l'auteur les moyens de fixer les incertitudes qui lui restent encore, et de compléter sa théorie (B).

Votre comité, qui a lu, avec autant d'attention que d'intérêt, le mémoire de M. le colonel de Lambel, a l'honneur de vous proposer de le remercier de son obligeante communication, et de faire insérer le présent rapport au bulletin de la Société.

Le conseil approuve le rapport, et en adopte les conclusions.

Pour extrait conforme,
JOMARD.

On verra ci-après les observations relatives à ce rapport, et à un passage qui se trouve dans le Mémorial de Sainte-Hélène, qui ont été insérées dans le Moniteur du 6 février 1824.

« L'auteur du Mémoire ne peut que rendre hommage à l'esprit d'impartialité qui a dicté le rapport fait à la Société d'Encouragement; et c'est dans l'intérêt de l'art seul, qu'il croit devoir en préciser davantage les deux paragraphes A et B.

« A. D'après les prix de Metz, le volume de maçonnerie des voûtes du nouveau profil coûterait neuf à dix mille francs de plus qu'un pareil volume des contre-forts de l'ancien, par chaque front de fortification. L'économie par front, évaluée de deux à trois cent mille francs, devrait donc être réduite de cette quantité, si l'on n'avait pas omis, dans l'aperçu estimatif que l'on a présenté, d'autres objets d'économie, tels que la diminution du parement extérieur, celle du déblai, etc.

» B. 1° Peut-on appliquer à des solides non élastiques des expériences faites sur des solides jouissant d'un certain degré d'élasticité, sans de nouvelles expériences?

» 2° La cohésion des élémens d'un remblai doit-elle être considérée comme uniforme sur toute sa hauteur?

» (L'Académie des sciences a adopté en 1783 un rapport qui se prononce pour la négative.)

» 3° Les solides de poussée qui ont pour hauteur celle du remblai, ont-ils un moment *maximum* de puissance?

» (Les expériences de M. Mayniel ont fait de même une réponse négative.)

» 4° Enfin, peut-on obtenir un résultat exact d'une équation dans laquelle on n'a pas introduit les momens complets des forces?

» L'équation de M. Coulomb suppose à chacune de ces questions une réponse positive; et, quoique convaincu qu'elles doivent être résolues négativement, on les a présentées seulement comme incertaines, par respect pour ce savant.

» Ces questions ont été soumises à l'Académie des sciences, avec la nouvelle condition de stabilité, et des recherches sur la manière de déterminer l'intensité de cohérence nécessaire aux élémens de la maçonnerie, des revêtemens et des voûtes, pour pouvoir leur appliquer avec sécurité les autres conditions de stabilité. On obtiendra sans doute sous peu un rapport de la commission chargée de leur examen, attendu que ce rapport est demandé depuis plusieurs années; que ces questions intéressent la plupart des constructions publiques; et qu'un savant très-distingué, qui a adopté et professé l'opinion de M. Coulomb, a accepté d'être membre de cette commission.

» En attendant, il existe des résultats d'expériences faites en grand, et qui ont reçu la sanction des siècles; ce sont les revêtemens de Vauban de toute hauteur, stables depuis cent quarante ans. En leur appliquant la nouvelle condition de stabilité, on en déduit facilement le moment *maximum* de poussée, avec lequel ils ont été en équilibre; et par conséquent le moyen d'appliquer cette condition, sans aucune incertitude, aux profils que l'on adopte. Le perfectionnement de la théorie n'aurait donc plus pour objet que l'économie.

» Le Mémoire qui fait l'objet de cet article donne aussi les moyens de rectifier des assertions peu fondées, qui se trouvent dans le Mémorial de Sainte-Hélène, de M. le comte de Las-Cases. « La maçonnerie actuelle, y est-il dit, est trop faible : le génie a » un vice radical sur cet objet ; il a dépensé des sommes énormes en pure perte. »

» Témoins de l'état de dégradation des talus extérieurs des revêtemens de Vauban, les officiers du génie cherchèrent, il y a vingt à vingt-cinq ans, à y remédier, en diminuant ce talus, mais en conservant à la masse totale des revêtemens le même moment de résistance, relativement à leur arête extérieure. Cette condition de stabilité était encore, en 1817, la seule prescrite. Quelques avaries ont prouvé qu'elle n'était pas suffisante. Elles furent d'ailleurs bien moindres qu'on ne le dit : les unes vinrent de la trop grande précipitation avec laquelle il fallut, pour l'exécution des ordres donnés, construire et charger les revêtemens et les voûtes ; et les circonstances des autres, observées par l'auteur du Mémoire, lui firent découvrir la nouvelle condition de stabilité, qui, si elle eût été connue antérieurement, eût évité ces avaries. Elles ne doivent donc être attribuées, ni à la mauvaise qualité de la maçonnerie, dont la plupart était faite avec du mortier hydraulique, ni à un vice radical existant dans le corps du génie; mais à des circonstances particulières et à l'art, dont les préceptes étaient alors incomplets relativement à la poussée des terres et des voûtes. »

.

www.ingramcontent.com/pod-product-compliance
Lightning Source LLC
LaVergne TN
LVHW050558090426
835512LV00008B/1232